**好父母全书**

全能教育

【德】卡尔·威特 著

陈怡 编译

WUHAN UNIVERSITY PRESS

武汉大学出版社

图书在版编目（CIP）数据

全能教育 /（德）卡尔·威特著；陈怡编译 . —武汉：武汉
大学出版社，2018.10（2022.3重印）

（好父母全书）

ISBN 978-7-307-20207-8

Ⅰ . 全…　Ⅱ . ①卡…　②陈…　Ⅲ . 家庭教育　Ⅳ . G78

中国版本图书馆 CIP 数据核字 (2018) 第 106549 号

责任编辑：黄朝昉 孟令玲　责任校对：王婷芳　版式设计：苗薇

出版发行：**武汉大学出版社**（430072　武昌　珞珈山）

（电子邮件：cbs22@whu.edu.cn 网址：www.wdp.com.cn）

印刷：北京一鑫印务有限责任公司

开本：880×1230　1/32　印张：6.5　字数：160 千字

版次：2018 年 10 月第 1 版　2022 年 3 月第 2 次印刷

ISBN 978-7-307-20207-8　定价：36.00 元

英译者序

很少有一项任务能如此吸引我，因为威特牧师对儿子早期教育的论述，无疑是众多教育文献中最具启发性和实用性的。

近年的科学研究也似乎在证明这一种观念，即孩子的早期教育将决定他的一生。因为孩子在早期形成的印象最为深刻也最为持久。如果家长忽视了对孩子早期智力的开发，就可能意味着孩子会有终生的智力缺陷。事实上，尽管传统的教育学家仍然担心所谓的早期过度开发，但研究自然科学和人类天性的学者们开始大力呼吁：孩子的教育开始得越早，对孩子就越有益。

事实上，威特在一百多年前就这么做了。在那个年代，谈不上什么人类学、心理学和相关的现代科学会对威特有什么启发。在传统的教育学理论统治整个学校教育活动的时候，这位谦逊的德国乡村牧师凭着不可思议的直觉，对儿子进行了卓有成效的早期教育。当然，他的作品没有给同时代的人留下深刻印象，这也不奇怪。今天，我们逐渐认识到家庭教育必须早于学校教育，而且是学校教育的有益补充，威特的这本书就自然引起了世人的关注。我个人始终认为，这本书为所有的父母

提供了某些必要的信息和指导，是一个早期教育的范本。

可以肯定的是，这位父亲采取的教育方式其实非常简单，任何父母都完全能够做到。他的儿子作为一个成功的例子，必然会引起明智的父母们的兴趣。

尽管老威特记录下了他是如何开发卡尔的智力以及取得成就的，但就像老威特所辩称的那样，还是有不少人认为成功的关键因素不在于他的教育方法，而在于他儿子先天的聪慧才智。可是，我们要注意到一个有趣的现象，它可以证明威特的实验并不是唯一的特例：与他同时代的一些父母，就是在采纳他的教育方法之后，使自己的孩子取得了突飞猛进的进步。

因此，从婴儿阶段就开始早期教育，并不会对孩子的身心健康造成伤害，相反会像小卡尔·威特一样，无论是在身体上还是在智力上，都比其他孩子更出众。考虑到这种结果是如此的统一，考虑到现代心理学关于环境、习惯、暗示等对成长的影响的研究发现，考虑到学校对于实现这些目标表现得无能为力……这些都完全证明了父母对孩子进行早期家庭教育的重要性。

在老威特家庭教育的启发下，贝尔法斯特学院的数学家詹姆斯·汤姆森，杰出的政治经济学家约翰·斯图亚特·穆勒，以及本书的英译者——哈佛大学的里昂·维纳教授等人，都对自己的孩子进行了卓有成效的早期教育实验。看过约

翰·穆勒传记的读者当中，十有八九会谴责老穆勒的教育方式，同情小穆勒的学习经历，因为许多父母仍然坚守传统的教育观念，忽视了对孩子进行早期教育。但是，小穆勒、卡尔·威特、劳德·凯文，以及詹姆斯·汤姆森的经历，都证明了忽视发展儿童的智力是愚蠢的做法，而这种愚蠢的做法当时正代表着众多父母的观念。今天，越来越多的父母开始重视早期的家庭教育，并成为实践中的创新者。

还有一种反对意见认为，智力的发展毕竟不是教育的唯一目的，孩子道德行为的培养更为重要。这当然是毫无疑问的。读者们可以发现，在卡尔·威特父亲的早期教育计划中，道德的培养和智力的发展是同等重要的。让我们再重申一遍，老威特的最终目的并不是要把儿子培养成为一个"学究"，他只是希望把儿子培养成为全面发展、身心健康、道德高尚的人。他相信，只有在儿童早期按照合理的原则对孩子的理性思维进行培养，才可以使孩子具有独立思考能力。他坚信道德发展的过程应该从生命的初期开始，他相信本质上存在某种自然规律的力量。现代心理学的研究也证实了老威特的主张，对儿童进行早期道德培养也是十分重要的。

当然，我们这里并不是要求父母把时间完全花在孩子的教育上。事实上，每天只要抽出一个多小时的时间，对孩子进行正规的指导就足够了。但是，做父母的必须让家庭生活愉快和睦，注意引导孩子的兴趣和行为，这样就可以使孩子

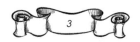

的身心健康成长。做父母的只需牢记老威特所说过的一句话：
"以教育为开端，以模范为终成"。

H.阿丁顿·布鲁斯

1913 年 9 月

"好父母全书"系列简介

"好父母全书"是根据世界上公认的最伟大的五位教育家亲身的教育实践编著而成的。尽管时代在变迁，人们重新赋予了教育新的概念，但教育的本质却是恒久不变的。重读经典，重新审视为人父母者的初心是什么，孩子最需要什么样的教育？这样的思考是我们对于来到这个世界上的孩子的最起码的尊重。

这也是我们结集出版这套涵盖全面权威的教育理念的书籍的初衷。希望能启发您一次深深的思考，究竟该用什么样的方式对待身边的这个小生命？因为您的教育方式将决定孩子的一生。

本套图书的书名重新意译为最直观的书名，包括书中内容的翻译也以您最容易理解的方式呈现，"好父母全书"是一次好父母学堂浓缩精华的体验之旅，它等待您的起航，您的孩子等待您智慧的陪伴。无论您的孩子有多大，只要您开始思考如何去做一个好父母，永远都不算晚。

目录

第一章　这本书为谁而写

天才是教育的结果

人们可能认为，我的这本书是写给教育工作者们看的，但事实上并非如此。不管有没有合适的理由，有些教育专家站在我的对立面上，我不可能专门为他们写书。他们反对我的理由，仅仅是我没有按照他们的方法去教育孩子，更糟糕的是，我有时还跟他们的方法完全相反。因此，大部分人曾刻薄地认为："如果老威特能像那样教育他的儿子，同时还向我们证明只要一个孩子没有先天缺陷，都能取得同样的成就，那为什么学校的教师们反而做不到呢？"我曾想尽可能阐明这种不合理，可是无济于事。同时，一些正直的教师也因此受到攻击，他们认为是我导致了这一切，而这恰恰与我的意愿背道而驰。

我所有的工作，只是要向明智的人证明，无论教师的学识有多渊博，教学能力有多强，意愿有多美好，只要孩子的家庭教育与之相悖，那么教师的工作就不会有什么结果。

基于上述原因，至少在不太了解我和我的教育理念之前，

教育工作者通常都对我怀有某种敌意。

因此，我写这本书的目的只是给同样身为父母的人们，他们真心实意地爱着孩子，心底怀着对孩子最温柔的爱。尽管他们曾与我有些不愉快，但也愿意认真考虑我所做的教育实验。

如果他们能做到这一点，那我这本书就是为他们所写，也是为那些怀着美好愿望，希望自己的孩子身体、心理和灵魂都能健康成长的家长所写。很多家长留心我的教育方法进展，并写信来表达了对我的支持，并对我的教育方法给予了极高的评价。也许，不，我必须说他们给予了我很多帮助，这在我的文章中时有体现。我和我的家人对此表示由衷的感谢。

有很多父母常常要求我以尽可能简单的方式来写作。应此要求，我将以简单易懂的方式来讲故事。这些家长已经消除了我所有可能出现的疑虑，我有责任兑现我的承诺。

或许，有一些心存恶意的人会说："真的需要这样一本书吗？"我的朋友们回答："当然！即使别人不需要，我们也需要！就当是为我们写的好了！"

因此，我遵守我的诺言。我知道，别人不可能完全像我那样去做，我也相信不必让所有的孩子都接受和我儿子一样的教育。但是我确定，我的大部分做法都可以被重复、被效仿，我的教育方法不会一无是处。

朋友的来信

裴斯泰洛齐很早就对我的教育方法产生了浓厚的兴趣，他思路清晰、充满热情、毫无偏见，当我的教育理念还处于萌芽状态时，他就预见到未来的发展和结果，并对此表达了极大的关注和支持。他是这么说的：

亲爱的朋友：

我要再次告诉您，当您还是我的邻居时，您对孩子所采取的教育方法就引起了我极大的兴趣，我发现我们的教育思想在本质上是一致的。请允许我做进一步的解释：我不止一次地担心我所使用的形式、数据和语言，就像小学课本的封套一样，第一眼看过去似乎就会让孩子失去自然的天性和判断力。然而，这只是表象。因为我们的教育和其他的教育没什么两样，任何具备敏锐观察力和对孩子怀着最真挚爱意的母亲都能发现。

如果这些经验没有产生影响，那会怎么样呢？这是不可能的！如果小卡尔能遵从这些方法，那么他在思想方面准能一点点地成长。通过这种教育方法，他一定能够发现自我，哪怕妈妈用最简单的话轻轻点拨，他也一定能明白是怎么回事，因为他通过千万次的体验对此有了清晰的感性认识。我的朋友，事实上，正是这点您比别人看得更透彻，甚至可以说您也一直以同样的精神努力工作。可能您并未意识到这一点，您的行动中蕴含着自然成熟的思想，正是在无尽的探索之后，我的教育思想才得以形成。

　　我的朋友，您的工作是如此重要。此刻，我们最需要用成熟的经验来支撑教育工作，并纠正人们对我的教育方法的误解。在这种情况下，您能坚持您的教育实验，如有可能加以宣传，对我来说尤其重要。我邀请您加入这项事业，完全出于我个人的意愿，我和我亲密的朋友迫切地希望您不要拒绝任何一个机会。像您这样的人可能已经取得了非凡的成就，因为您十分敏锐，能抓住每一件出现在脑海中的事物的意义，并能够一如既往地坚定信念、开展行动，遵循人类的自然本性，又能适应人类生存的社会环境。我认为您就是这样的人，我很高兴您能真诚、肯定地告诉我您的教育实验进展情况，与您讨论这个话题真是令人愉快。

　　愿您在我们山区生活愉快，希望您相信我一直以来对您诚挚、永恒的友谊。

爱您的朋友：裴斯泰洛齐

1804 年 8 月

　　14 年里，他一直坚持着这种观点，甚至私下里催促我以尽可能详尽和通俗的语言，将我儿子的教育经历写成书。他的一位值得敬仰的朋友、知名的法国专家——巴黎的朱利安也表示赞同。他们一起帮助我打消各种疑虑，这些疑虑主要来自于我的胆怯，裴斯泰洛齐在我在沃尔登的那天给我写了一封信：

我亲爱的威特先生:

您一定还记得 14 年前我们在布洛赫那次关于教育的谈话吧。您提出了您的希望,根据您独特的教育原则,您将用超常的方式继续教育您的儿子。现在他所取得的卓越成就已经远远超越了您当初的期望。

问题是,您儿子所取得的进步,有多少是由您的教育方法所产生的,或者说由此引发的?换个说法,他的成就是否由他超凡的天赋所致?到底在多大程度上是您的教育成果?这是否意味着,如果把您的教育方法应用到其他孩子身上,也能产生至少相似的结果?

我亲爱的威特先生,您应该向教育界的朋友做一个说明,向他们进一步地阐明您是如何一步步引导您儿子的,让他们可以做出自己的判断。毋庸置疑的是,您儿子确实拥有出类拔萃的能力,但是,您的教育方法是如何抓住这些能力并促进其迅速发展的,只能通过同样情况下的例证来说明。这个工作很重要,而且相信您也愿意投身于这项愉快的事业中来。

再会了,希望您相信这都是我经过深思熟虑的想法。

您最谦卑的仆人和朋友:裴斯泰洛齐

1817 年 9 月 4 日,于沃尔登

第二章　我的儿子并非天赋异禀

天赋对孩子的影响微不足道

人们无数次地对我说，你的儿子一定是受到了上天的特殊眷顾，或者是拥有一种别人无法具备的天赋。让我来告诉你，事实并不是这样的，我必须要让这种传言适可而止。

我已经向成千上万的人否认过这种观点了。但我不得不承认，我的大部分朋友和熟人也是这样认为的。只有一个人——格劳匹兹牧师，从我童年时代起我们的关系就非常密切，从1788年一直到他去世的这二十多年间，他一直是我亲密的朋友。他曾经说过：

我坚信，卡尔身上并没有什么超乎常人的非凡之处。很多人将他的进步视为奇迹，我并不这么认为。恰好相反，我告诉我自己，告诉您，以及所有想了解真相的人，卡尔确实天资平平，他的进步并不是靠所谓的天赋，而是您的教育成果，并且他在未来必将取得更加耀眼的成果。我了解您的教育计划和做事情的方式，这一定会成功的，除非上帝可以阻挠。

在我儿子出生前不久，马格德堡附近几所学术氛围浓厚的学校里聚集了一批年轻有为的教师。他们形成了一个紧密的团体，并热情地投身到人类最高贵的事业——教育事业中。我的朋友格劳匹兹也参与其中，并将我介绍给这个团体，每次只要我在这个地方，就能参加他们的聚会。

有一次讨论的话题是，尽管教育工作者怀着最美好的意愿，也无法取得任何成果。依我看来，那是过分地强调了人的天赋的原因。根据我的观察，我不得不提出我的反对意见。我是这么说的：

和儿童的前五六年里接受的教育相比，天赋的影响太微不足道了。当然，个人的天赋确实存在差异，但是在通常情况下，大多数人的天资是差不多的。我们应该更多地依靠教育的力量，而不是坚持传统的观点。

为了找到一个权威性的观点作为支撑，我引用了爱尔维修的论述："每一个心智健全的普通孩子只要接受优秀的教育，就可能会成为一个出众的人。"每个人都反对我的这一看法。施耐德先生、格劳匹兹先生和我三个人一起在回家的路上，还在讨论这个问题。我又重复表达了我的意见，尽管这段话我在聚会上已多次说过并遭到了反驳。我说：

很明显，我现在必须保持沉默，因为你们当中有十三四

个人都表示不赞同我的观点。但是，我希望我能向你们证明。如果上帝赐予我一个儿子，如果在你们看来我的儿子不是个傻子，那么我会下定决心要把他教育成为一个出色的人，即使我们并不知道他天赋如何。

在聚会上，没有一个人支持我，连施耐德先生也是如此。之前，格劳匹兹先生仅仅表示他并不反对我的观点，但现在他试图说服施耐德先生，让他相信我会遵守承诺。但就像他所有的朋友一样，施耐德先生也断言这是不可能的。

后天教育比先天禀赋更重要

不久以后，施耐德先生从格劳匹兹先生那里得知，我妻子生下了一个儿子。他把这个消息告诉了周围的朋友，所有人都高度关注着我和我儿子。不管是我去他们那里，还是格劳匹兹来看望我，都要向我打听事情的进展。而每当格劳匹兹或我表示希望早日实现我的诺言的时候，他们都会摇摇头，表示怀疑。

当卡尔四五岁大的时候，我带他去了克里－奥斯特伯。施耐德第一次见到卡尔就喜欢上了他。尽管他认为卡尔并没有什么过人的天赋，但他相信我对卡尔的教育能取得成功。直到 1810 年，慢慢地，施耐德越来越相信我能兑现承诺，他写信向我表达了这一观点。

这封信实在令我震惊，也令人印象深刻。经过他的观察，以及从他和我的好友那里得到的信息，使他不得不承认他曾

表示怀疑的事情现在已经实现了。尽管他还不能完全放弃他和他的朋友们一直以来的立场，在某种程度上他仍然是我的反对者。因此，出于理性的荣誉感，尽管以前他认为这种情况是不可能的，但还是承认了我所取得的成果。以下是他的原话：

尊敬的朋友：

您已经实现了您的承诺！您的小卡尔已经成长为您当初所承诺的那种人才，不，甚至比当初的想象更好！十年前，在我们已故老友格劳匹兹面前，您自豪地向我宣布您希望很快成为一个父亲，希望得到一个健康的儿子。您说的话令我难以忘怀："如果我的儿子身体健康，我有决心把他培养成一个优秀的人。"

那个时候我并不认可您，我说您的教育计划要想获得成功，不能仅依赖于您所期望的儿子健康的身体，更多地要依赖于他的天赋。您是这样回答我的："每一个心智健全的普通孩子只要接受优秀的教育，就可能会成为一个出众的人。"当我表现出疑虑时，格劳匹兹向我保证，您已经成功地在很短的时间里把一个瑞士男孩改造成一个出色的人，而他的前任教师认定他是个笨蛋而对他失去了信心。随后我向您许诺，我会暂时保留意见，会一直等到有一天您的儿子能用实际行动证明您的话。

现在我见到他了，您的儿子。我看到他集成熟男人的气概与儿童的纯真善良于一身——这是多么难得，多么迷人的高贵人格！哦，若我能与这样的人为伍，我甚至会觉得自己远离了尘嚣。

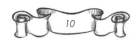

是的，我亲爱的朋友，您不仅兑现了您的诺言，还获得了更多成就。我个人认为，为了对您公平起见，我有义务写信给您说明这一切。然而，尽管您的努力已经取得了如此辉煌的成就，您仍然无法令您的同行们信服您的理论。他们会到处宣扬："当父亲的能生这样一个儿子，该有多开心啊！"他们会将孩子的优秀归功于他的天赋，而不是父亲教育的功劳。而且，我要坦率地告诉您，作为他们中的一员，我也会说："如果卡尔不是这么健康，他也不会成为现在这样的人。"

我知道卡尔的成功绝对离不开您的付出。我知道，正是您的能力、耐心和坚定不移的目标，才有了卡尔的今天。我知道卡尔就是您这么多年来生活的中心。我知道，您知道如何处理每件事，说话还是沉默，来还是去，工作还是休息，所有与这个孩子有关的事情，您都懂得如何使它与卡尔、与您的目标建立起紧密、广泛的联系。另外，我还知道，在所有那些您希望发挥能力的人身上，您表现出了异乎寻常的耐心。即便是不考虑这些事实，我也不能认同那些教育者。

要判断对个人的影响，究竟是天赋重要还是后天教育的影响大，这个问题不仅难度很大，确切地说，这是不可能的，因为在教育的过程中，这两者之间相互联系。您将不得不永远地去寻找证据来证明：仅仅是利用您的教育方法就可以把一个健康的孩子培养成一个优秀的人。但无论在任何方面，就教育学而言，您的实验是非常重要的、是值得研究的。

因此，详细地介绍一下您的教育方法，对公众来说将是一份价值非凡的礼物。很显然，只有像威特您这样的人，才可能

把这种方法在实际中运用自如。所以，我相信不会有太多的模仿者。

施耐德玛

格德堡附近韦丁根的传教士

第三章　我的教育工作进展顺利吗

成功从偏见开始

我教育儿子的这一行动，不仅必须有一个良好的开端，也必须能顺利地进行下去才行。因为这十多年来，很多人一直在关注着我，包括一些文化名人，甚至政府部门也积极参与其中。

卡尔第一次成为人们谈论的对象时，他才8岁，那时我们居住在哈雷附近一个叫洛豪的小村庄里，这样的环境显然不适合将公众的目光都聚集到一个孩子身上。其实这样的事情在城市里是习以为常的，尤其是在大城市里。

另外，卡尔与众不同的教育历程正好处于整个欧洲的根基摇摇欲坠之时，1807年至1808年间，我们的国家——普鲁士已经面临崩溃。人们无心娱乐，有很多的话题可以谈论：重大或可怕的事件，焦虑，希望，渴望得到帮助，失望。只有这些才能引起人们的注意，日常生活已经被忽略了。

如果在这些划时代的事件中，一个孩子的成就可以占据一席之地，那这样的成就必定是非常可观、非常重要的。事

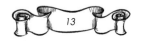

实上就是这样的。

那个时期对我们尤其不利，当时人们对学习知识上的早熟现象有一种明显的偏见。像萨尔兹曼、坎佩、特拉普等人，他们长期以来强烈反对这种观点，有意地用以前的例子来证明早期教育的危害性和无用性，甚至指责这是"温室教育"的产物。

我满怀敬意地分析他们的观点，我必须承认，在这个问题上我和他们的意见一致，当我看到在我的指导下也发生了一些令我感到担心的事情后，我也存在疑虑。

当关于卡尔的新闻第一次出现在报纸上（由《汉堡记者报》一位名不见经传的记者撰写，详细介绍了我儿子在莫泽堡接受公开和秘密测试的情况），人们都认为这不可信又没有意义。一位丹麦的专家甚至否认整个事实。就是这样看起来不可思议的事情，很快就开始获得人们的信任。经过反复的测试，一大批杰出人士，以及大量学术团体和大学，纷纷在证明书上签名。很快，支持的声音从四面八方响起，大家都接受了这一既定事实。

由于战争和战争带来的可悲后果，那个动荡不安的特殊时期几乎将一切破坏殆尽。普鲁士看起来像是永远被摧毁了，居民日益流失，我生活在这个王朝势力的最尽头，因为洛豪四周都被撒克逊人包围了，我们在那里不会得到什么支援，如果我不想让卡尔的发展停滞不前的话，就不得不离开这个村庄。

离开普鲁士的日子

我不能再指望普鲁士了。法国人只想得到钱，而不想拿钱出来。由于我在物质上已经没有过高的要求，撒克逊人根本就不会有要做出点什么事情的想法。我生活在一个不错的教区，与家人在一起的生活非常舒适，即使是在莱比锡，我们也非常享受我的工作给生活带来的快乐。

那时，我对儿子的教育仍处在萌芽阶段。无数人对可能出现的不幸后果忧心忡忡："到他十二三岁的时候，这个可怜的孩子就会死去，或者就彻底毁了。"他们常常这么说，而且言辞当中确实透着忧虑。

不过，莱比锡这座城市和这里的大学表现出了惊人的团结，不仅为我儿子提供了一笔数目相当可观的奖学金，还为我和我的妻子提供了非常慷慨和有利的条件，这使我下决心放弃了在教区的工作，前往莱比锡生活。每一个明智的人都能想到，在做出这样的决定之前，必定会仔细调查情况并对我儿子进行反复的测试。

法国的威斯特伐利亚政府就是这样处理的。他们对我儿子进行反复测试，最终打消了疑虑，为我提供钱财上的支持。即使是在俄国人攻打卡塞尔期间，他们也未曾停止给我定期汇款。

威斯特伐利亚政府倒台以后，我的朋友和资助人承担起照料我和我儿子的工作。而我的祖国普鲁士当时深陷结局难料的战争中，七年来它已经精疲力竭、资源枯竭。而汉诺威、

布伦斯威克和海塞尔迫不及待地发布政策，要求从其他州迁来的人都应该自己修建家园，却坚决拒绝了来自威斯特伐利亚政府的任何请求。然后，我递上推荐信向这三个州求助，并承诺我将合理地利用每一笔钱，虽然当时他们也很需要钱，但都慷慨地满足了我的要求。

当时普鲁士的很多上层人士都鼓励我向我们的君主政体求助。但时局不利，我很长时间都不敢做出决定。后来，在他们的多次呼吁下，我谨慎地试探了一下，却收到了一个最慷慨大度、最令人鼓舞的结果。确实，在做了进一步的调查后，我确信自己可以返回普鲁士了。在柏林生活的最后两年里，我们深深地感受到了皇室对我们的关注和恩惠。

由于近 10 年来一直没有受到干扰，即使是意见不同，甚至相互敌对的专家，乃至君主都能积极地达成一致，协助合作，他们为这个事情做出了牺牲自然会得到回报，取得成功。

大量表示祝贺和真切关注的信件像雪片一样飞来，其中绝大部分人我并不认识。人们纷纷向我表达他们的友好、祝福、尊敬和真挚的同情，这一切都证明我的努力取得了成功。我在我的祖国以及其他国家赢得了尊重，若不是那样，那就是我的眼睛、耳朵、感觉，还有我的智力在欺骗我吧！

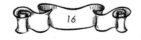

第四章　我对儿子的教育完成了吗

教育是个缓慢的过程

对我来说，我对卡尔的教育确实已经完成了。长期以来，一直有人宣称我对儿子的教育早就完成了，我一直表示否认，而如今我才必须承认。卡尔 11 岁的时候，哥廷根的几个教授提出我没有必要再继续做儿子的陪读了，因为他表现得非常出色，上课专心致志，知道怎么做笔记，我可以从中解脱出来了。但我还是会跟着他，和他一起为每堂课做好各种准备，课后还要陪他温习功课。后来，在哥廷根和海德堡，我就不再这么做了，但是这个过程进行得非常缓慢，几乎难以察觉，直到他可以完全独立自主地学习。

只有当他能够独立地解决难题，并获得了尊重与掌声之后；只有当他获得了一些荣誉，被认为是真正的资深专家之后，我们伟大的国王陛下和部长们一致认为他值得国家资助，从事一项为期 2 年的科学探索。尽管他当时只有 16 岁，但他已经完全可以照顾好自己了。这时我才决定，我对儿子的教育已经完成了，也可以认真地为我自己的健康考虑了。

为了不至于做出一个草率的决定，过早地做出判断（这也是我一直以来所担忧的），就像以前每次为求学生活的重要变化做好准备一样，我经过再三考虑，给尊敬的国王陛下写了信，表示我想与儿子在一起生活一年，这样他就有机会为完成他的重要使命做尽可能充分的准备。国王陛下欣然同意，在亲朋好友的资助下我离开了家，离开了儿子曾经居住的城市。

教育是一生的事业

和儿子分开已经 17 个月了，在这段日子里，我只在维也纳见过卡尔一次，那还是在他去往瑞士和意大利的旅途中。

当时卡尔还是那么年轻，为了不至于使他一下子被推向外部世界，不至于使他一下子从父母温暖的怀抱中脱离成为一个独立的人，暴露在陌生人面前的过程太过突然，当我不在他身边的时候，我就让卡尔的母亲和一些值得信赖的朋友陪伴着他。幸运的是，这些人出身于社会的各个阶层，出生在不同的时代。我向卡尔提出建议，他可以拿着我资助的钱，在适宜的季节到莱比锡、德累斯顿等城市去旅行，去参观各种自然美景和人类艺术，去遍访各大图书馆，拜访学者。总之，为他今后伟大的人生旅程切实做好各种准备。在四五个月的旅行结束后，他应该返回柏林他母亲那里，为再一次的行程做好理论准备工作。他所做的一切准备都是有利的。那年 5 月，他又开始了更伟大的旅程。我和他在维也纳待了 2 个月才分手。现在，他在阿尔卑斯山的另一边，我显然是无法再指导、督促他了。

在上帝的照料下，在他自己良心的监督下，他已经独立了。我必须承认，我对他的教育已经完成了。

当然，我们从出生到死亡，通过生活环境、兴衰变迁、朋友、与生者和前人的交流……我们都在接受教育，而且这种教育永远不会结束，也不可能结束。

当我踏上旅途，开始为期 17 个月的旅行时，卡尔的身心都处于完美的状态，他健康而快乐，以舒心而轻松的状态工作着。他从来没有生过病，甚至在他幼儿时也没得过什么病。

第五章　正确的教育，能使每个孩子成为优秀的人才

正确教育孩子的方法

这是我儿子出生之前，我在马格德堡的一大堆教育家面前提出的主张，并且我也一直在捍卫这个观点。引用爱尔维修的话来说，就是"如果受到正确的教育，每个健全的普通孩子都能成为优秀的人才"。

我很清楚，一架钢琴如果没有琴弦，不管演奏者的技巧有多么高深，也不可能发生任何声音。我也同样明白，一件原本发出恼人噪音的乐器，专家可以很轻易地调校好，从而弹奏出和谐优美的旋律。某件乐器可能不具备其他乐器那么完美的结构，但如果这件乐器得到合理的调试，而其他的乐器却不调音的话，那么无论如何，用这件乐器弹奏出的乐曲都要比不调音的乐器动听得多。

我们用打比方的方式来说的话，如果一个孩子的身体或大脑缺少一个器官，那就不能完成相应的功能，即使是地球上最伟大的教育家也不可能培养出这方面的能力。但如果所有的

器官都没有问题，只是有些地方比较弱，不能发挥出完美的状态，那么在实际的功能上，不管是在身体上还是在精神上，都要比其他正常器官的能力稍差一些。只有那些敏锐的教育家才能清楚地找出这些缺陷，并帮助孩子克服这些不足。至少，他可以让大家看到这些器官原来的状态。可想而知这些教育家为孩子提供了多么大的帮助！

通过非常审慎的教育，这样的教育家可以把一个资质平平的孩子培养成优秀的人物。而那些天资卓越的孩子，如果用那种粗心、放纵的教育方式，往往达不到这种效果。因此，一个普通的孩子，通过一个具有高超技巧又细心谨慎的教育家付出关爱、智慧，投入感情，用特定的方法正确地指导，那么这个孩子可能会在某一个领域达到较高的水准，从而超越那些天赋很高，却被粗心而又缺乏经验的教育者漫不经心地培养出来的孩子。另一方面，可以肯定的是，如果后者能够像前者那样接受睿智、细心的教育，那么他就一定能超过前者。我们也清楚地明白，在我们这个不完美的世界上，不能实现的事情太多了。在现实生活中，孩子得不到正确教育的事情时有发生。因此，很明显，很多天资聪颖的孩子在发展中落后了，变得缺乏理智、无知，甚至比这更加糟糕。而一些资质平平的孩子却能在适宜的环境里达到常人所不能及的顶峰。

教育是一门艺术

一个天资卓绝的人，如果能接受优越的教育，身处适宜的环境中，他们会成为什么样的人呢？我敢断言，哪怕我们

并不完全了解像亚历山大、恺撒、查理曼大帝、国王亨利、弗雷德里克这样的人，但他们都有弱点，或者更准确地说，他们也有缺点。他们和我们这些普通人有着一样的缺点。但我确信，一个受过良好教育的人，应该会变得更伟大、更强壮、更健康、更美丽、更文雅、更勇敢、更宽宏大量、更加高贵、更勇猛、更聪明、更诙谐、更真诚、更博学、更理智、更敏感、更温和、更有节制，更知道如何把每件事情处理得更恰当。总而言之，他要比我们所有人更接近完美的状态。

假如我们的教育艺术比目前进步 100 年，那我的观点可能是错的。也许不一定是错的，因为我们是否已经发现了所有能唤醒潜藏在每个孩子身上的所有能力的方法，使之成为人类共同的财富，家长和教育家是否已经尽职尽责地抓住从孩子出生到完成全部教育的过程中的每个机会来教导孩子，都还是问题。只有到那时，我们才能断言，一个普通孩子的父亲能为孩子做的事情，不可能比十个优秀孩子的父亲能做得要多，因此，也就无法让孩子取得更大的成就，而只能眼睁睁地看着自己的孩子落后于其他聪明的孩子！

但是，现在的情况并非如此。我们现在还远远不能断言，有一些人就是不可能比别人更优秀。富有经验的专家，不难发现现在运行的这套教育体制存在一些严重的错误，正是这些错误对学生造成了伤害，实际上阻碍了学生的发展，而事实上这个学生本应该发展得更好。

如果我们能确定通行的教育方法和指导方法并不能完全激发并发挥一个人的全部潜能，那我们就能理解，如果一个

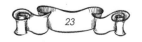

教育者能将一个资质稍差的孩子培养得比普通人培养出的资质稍好的孩子还要好，那么他就可以把一个普通、健全的孩子培养成为一个优秀的人。

虽然我一直坚持我的观点，虽然也有极少数人在没有我的帮助下，也正确领会了我的观点并表示了赞同，但我的观点和方法依然遭到了广泛的批评。我不得不认为虽然他们口口声声说已经理解了我的教育观念，其实是他们误会了我的本意，所以才会提出这么多的异议。这些反对意见相互矛盾、相互抵触，只要一经审视就能发现它根本站不住脚。

第六章　我打算把儿子
培养成一个早熟的学者吗

别让孩子成为早熟的学者

我并没有打算把儿子培养成专家，更别说让他成为一名早熟的学者了。这是我的真心话。不过，对于广大读者来说，如果有人表示怀疑，或者压根就不相信，我也不会感到惊讶。

还是让我来说说，我希望把他培养成什么样的人，这样你就知道我不希望孩子成为什么样的人了。

我希望把他培养成一个谈吐不凡、气质高雅的人，一直以来我也确实是这么做的。在我条件所能及的范围内，凭着我的经验与阅历，我认为，他首先应该成为一个健康、强壮、积极、快乐的年轻人。正如大家现在所看到的一样，我做到了。

现在，他即将带着这些无价的财富，步入成年。他的体力将发展到极致，与智力的发展将更加和谐。如果让他仅仅成为一个卓越的拉丁语或希腊语学者，或者一位数学家，那是我最不愿意看到的事情。在很早的时候，当我发现学习语

言这门学科需要牵涉他过多的精力后，我适时地阻止了他。同时，我还一直强化对他感官能力的训练，使其更加精细，并尽可能谨慎地使其均衡发展。

在妻子的帮助下，我以同样的方式来培养他其他方面的能力，例如判断力、想象力、观察力等。这些能力往往不被大家重视。每一个明智的人，只要他理解了我所说的这些，就能明白，我们作为父母，把重点放在了对年轻的心灵进行教育上，我们共同努力，自孩子尚在襁褓之中时起，在内在和外在的道德约束下，尤其是在虔诚的宗教信仰约束下，对他的喜好进行控制，对一些好恶进行压制，对一些喜好则进行鼓励。

人们可以看出，我脑海中所勾勒出的这幅图画，与20年前的教育学者几乎没有什么共同点，今天的学者们或多或少还能有一些感受，而我更期望再过20年或者50年后，他们能明白这一切！

当然，一开始考虑我儿子的教育问题时，我很快就想起了那些闭门造车的学者。我现在所说的都是通常情况，因为我对例外情况一无所知，而我也知道这种例外是确实存在的——尊敬的学者们大部分都是体弱多病、弱不禁风，甚至奄奄一息的样子，在社交生活中总是胆小畏缩、笨手笨脚。他们的外部视野超不过眼前的书本，内在视野也不过是局限在他们的专业范围里。正因为如此，他们在与任何一个专业领域之外的人交谈时，总显得乏味枯燥；在日常生活中对事物的判断也显得目光短浅，这使得他们在人们中间显得无比荒谬，

常受人鄙视。对他们的嘲弄已经形成了谚语："百无一用是书生""在十步之外的地方，就能看出他是个学者"。有多少荒谬的事情曾发生在他们身上啊！这样的故事足以编成一本书了。

让孩子成为全面发展的人

一个年轻人，如果社会上认为他富有才情，或是善于表达温文尔雅的伤感情绪，通常都会鄙视大众，只会重复从课堂里听说的段落，或是记住从什么地方摘抄来的句子，从而认为自己是稀少而纯正的德国人，无论是说话还是写作都表现得很高雅，可是他们的同行很快就表示了怀疑，我不止一次地听到他们这样判断："某某不可能有什么真才实学，他只会舞文弄墨，出尽风头。"

另外，一些学者喜欢写冗长枯燥的长篇论文，如果他经常引经据典，大家就会夸赞他："他肯定会有所作为，因为他接受过古代文学的训练，简直是满腹经纶啊！"

好一个满腹经纶！如果让古人们知道了他们被拿来与一只家蝇、一条书虫相比，他们会发出这种辛辣的嘲讽吗？这些古人们可是从早到晚都在不停忙碌，在市场里或者城门下都不忘讨论国家和城市里的种种事情。

我要提醒的是，他们在本质上都对祖国的兴衰高度关注，而那些学术上的工匠们仅仅是知道这个国家曾经存在过而已。

人们很难相信，那些伟大的学者们当中，有人曾对他的

学生说，一个明智之人只需要学习拉丁语和希腊语就够了，而那些所谓的科学（除了考古学）和现代语言就像是孩子们的游戏一样，在茶余饭后就能轻松掌握了。

至于孩子心灵的成长，我只需要让大家回想起一些众所周知的习语"学者的妒忌""学者的傲慢""大学者的阴谋"，大家就会相信我确实不想把儿子培养成一名早熟的学者。

然而，在一定程度上，如今他已经成了一名学者。如果说我还能够做些什么的话，那就是至少不让他成为一名早熟的学者。对我来说，一名早熟的学者，一株温室里的植物，一个病态的儿童，一个行尸走肉般的孩子，这都是同义词。这是我自己、我的老师们以及所有从事教育艺术的伟大先驱们的共识。如果我把儿子培养成一名早熟的学者的话，那就是违反了上帝的旨意，违背了儿子的天性。

我的全部希望就是在孩子十七八岁的时候，他能足够成熟，从而进入大学学习，但他必须通过全面的教育来与同学竞争，有足够的能力应付这些课程。这就是我所有的希望，仅此而已！

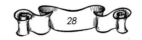

第七章　我儿子是怎样成为少年学者的

如何教孩子学习语言

这一切都是自然发生的结果。我的朋友格劳匹兹比任何人都了解我，如果他说得没错的话，这就是必然发生的事情。尽管卡尔天资平平，而且我也非常厌恶早熟，但通过受到的教育他已经打好了这样的基础。因此，结果就好比一个放在斜面顶端的球，必然会掉下来一样。

我当时并没有意识到这一事实，因为那时我对人类的本性、能力和自我完善还不是十分了解。我仅仅是根据我所知道、所看到的一切来做出判断。因此我的判断不可避免地是错误的，这使我不得不对人性进行深入的研究。

哦，人的天赋是如此之高，比我们想象的要高得多。但在所谓的常规教育之下却显现不出来。普通的教育方法像一辆宽大、沉重的马车，陷入自己的深辙之中无法自拔，更不能快速前进。考虑到很多普通的，或者说得更直接点——很多没有准备好的头脑，也不会想到要做出什么改变。

这些人就像是软弱无能的旁观者，只会站在马车边上，

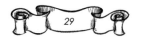

对马车充满信心，马车走得越慢就越觉得安全。一旦马车开始加速，这些可怜的家伙就吓得不知所措了。如果马车跑得飞快，这些虚弱的家伙就将彻底被抛在后面。

如果是一辆轻便、舒适、安全的四轮马车，就完全不一样了。不需要用很多马匹，它就能以闪电般的速度超过那些像在爬行的两轮运货马车。不管是运货马车，还是轻便四轮马车的赶车人，如果他们相互轻视或者相互指责，那可真是太愚蠢了。两种车都有各自的用途，适用于不同的环境，要使两种车都改变自己原来的速度也没有意义。在遇到较为平缓的下坡路时，马车夫行进的速度较快，他的同伴也能跟上。在沙地、沼泽或碎石上行走，轻便马车的速度也会慢得多。它就应该是这样的，只有傻子才想着去改变它。

卡尔还在我和妻子怀抱中时，就已经学会了很多东西，这是人们很难想到要去教给孩子的。他认识了不同房间里的所有东西，还能知道这是什么，叫什么。房间，楼梯，庭院，花园，马厩，水井，谷仓——所有的一切，从最大的到最小的，我们都经常指给他看，清楚明白地告诉他叫什么，还鼓励他尽可能清楚地说出事物的名称。每当他说正确了，都会得到我们的爱抚和赞扬。然而，每次他说错了，我们就会以一种果断和冷酷的声调说："孩子妈（或孩子爸），卡尔还没有学会那个词的发音！"

因此，他不厌其烦地学习认识并说出所有物品的名称。不久以后他就能讲出所有的单词了，如我们期待的一样。他说话速度很慢，我们也从不强迫他，因此绝不存在口吃的危险。

他可以自由地思考和说话，但我们要求他必须在充分思考之后才能说出他想说的话。

对于很多家长和保姆的无知，我们绝不能容忍。他们一开始教孩子所谓的"儿语"，实际上应该称为"乱语"。我们不能把"牛"说成"哞哞"，把"羊"说成"咩咩"，把"猫"说成"喵喵"，把"狗"说成"汪汪"，也不能说成"哞哞牛""咩咩羊""喵喵猫""汪汪狗"，我们只能说那是"牛""羊""猫""狗"。在说同一种类的年幼或非常小的动物时，我们才用昵称。如果用"小狗仔"（doggy）这个词，就是要告诉他这是一只刚刚出生或者体型很小的狗。首先我们要与"一只年幼的狗（a very young dog）"区分开来，并且强调用词要准确。如果它只是很小，但不是很可爱，或者不是刚刚出生，我们更偏向于使用"小只的狗"（small dog）而不说"小狗仔"，并且让他知道昵称不仅包括了可爱、吸引的成分，还能表达"宠爱"的意思。

"当你淘气的时候，或者说了不该说的话，做了不该做的事之后，"我们对他说，"你很少听到我们叫你卡尔吧。不，你肯定听到我们叫你卡尔！是吧？"

我们小心翼翼地注意着这种区别。还有很多类似情况，在和他一起的时候我们总是讲纯正的德语，也就是简单易懂的书面语，并且使用最准确的表达。我们总是大声、清晰地以一种最恰当的缓慢语调说话。我们绝不允许自己使用不恰当的语调。我们尽可能地说清每一个词的含义，小心翼翼地避免使用模糊的、晦涩的句子来表达。

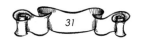

卡尔从未听过，也因此从未说过一句令人困惑的幼稚的儿语，因此也不存在忘记这些儿语重新学习正确发音的必要。

唯一需要容忍的就是，有一段时间可以用第三人称，而不使用抽象的"你""我""他""她"等，因为对未受过教育的人，尤其是儿童来说，这是天性，难以改变。但是，这种情况也仅仅在不可避免的情况下，我们希望他完全清楚地理解时，才有可能发生。不久以后，我们就时不时地用"我""你""他""她"来代替"爸爸""妈妈""卡尔"，并对他一一解释，还帮助他、鼓励他尝试更准确的表达方式。后来，我们就半开玩笑地不带任何讽刺意味地说："如果你更聪明的话，我们早就用'你'或'他'来称呼你了。"

这种友好的玩笑，可以促使孩子努力学习他还不知道的一切。

通过这样的学习，卡尔很早就学会了正确认识并说出他周围的事物。只要是他会读的单词，他总是用纯正的德语拼读出来，就像是他曾经在一本专门为孩子所准备的写作优美的书上读到的一样。事实上，他也从没有在我们这里听到过任何不标准的德语，所以他自然讲得不差。他的发音准确无误、清楚明了，这个小小演说家经常获得我们的微笑和陌生人的称赞。

很明显，儿子在刚开始学习说话时就掌握了母语的正确发音，能够把注意力和心智能力不断地付诸行动之中，在很小的时候他就表现得很聪明了。我们总是教他如何探求、辨别、比较、衡量、抵制、选择，总而言之，他必须处于不断的活

动中，这种活动就是思考。如果他在这方面取得了进步，他就会受到我们的表扬；如果犯了错误，我们就会以半开玩笑的方式责备他，或者给他一个有用的提示。因此他一次次地开动脑筋，为自己的努力和成功感到快乐，也因父母的承认感到喜悦。

另外，这对于记忆的作用是非常之大啊！如果要发生上述行为，就必然要有足够的词汇储备量。因此，记忆就会积极发挥作用，努力地掌握并牢记这些词汇。让我们假定在孩子五六岁的时候，就能在德语的宝库中掌握30000个单词，这对于一个教养特别好的孩子来说，应该没有问题。如果是这样，我们就来看看记忆的练习和强化作用吧！同时，如果这个孩子已经熟悉了这些单词，并能够经过思考和注意后清晰地读出来，他会有怎样的提高啊！不用多少帮助，仅凭自己的能力，孩子就能够掌握语法，能正确地区分名词和动词的各种变体。当他养成了这种阅读习惯之后，就能从父母的口中或者书本上学习到更多更复杂的语法知识。

遗憾的是，以前很少有人能清楚地认识到这一点，因此，对孩子的指导都是从学习古语开始的。这导致很多人犯下了不可原谅的错误，不仅忽视了对母语的学习，甚至用这种已经失去生命力的语言限制了孩子智能的发展，扼杀了孩子对母语的学习兴趣。

由于早期对母语的掌握，卡尔的学习一天天地往深度扩展，并为他以后学习外语奠定了很好的基础。

在其他情况下，学习语言可能使他产生厌恶和害怕的情

绪，而对卡尔来说，学习别的语言是一种新的，但并不完全陌生的经历。在学习母语的时候，他就曾学过一些相关的知识，并且已经消化吸收了。现在他要做的就是把这些东西修正，就能懂得那些生疏的语言了。这种智力的活动带给他无限的快乐，因为他知道，每一次的挑战他都能成功，而每一次的成功都将给他带来无穷的喜悦。

这种自然而然的结果，使得当时年仅 8 岁的卡尔可以不费吹灰之力地阅读荷马、普鲁坦赫、维吉尔、西塞罗、奥西恩、费内罗、弗朗瑞恩、马德斯泰西恩和席勒等人的原著，他内心充满了真挚的热爱和十足的热情。因此，16 个月以后，伟大的哥廷根语言学家海恩在谈到卡尔时，称他是一个才思敏捷、智力超群、判断准确的人。毫无疑问，海恩的评价是对的，因为他曾对数以千计的孩子做出测试，还没有一个能达到卡尔这样的水平。如果卡尔不是现在这样的话，那只能说明是我教育的失败。因此，海恩曾给维兰德写过这样的信：

尊敬的老朋友：

威特牧师对我说，他收到了您的良好祝愿，以及为他儿子制订的下一步教育计划，对此他表示赞赏并深表感谢。

尽管我遵从自然法则，并不赞同少年早成，但我还是承认大自然本身就有其特例，我们的职责就是循着大自然给予的提示，帮助一个具有潜力的头脑尽早地得到开发、提升。在这方面，为了更深入地研究孩子的天性和天生的能力，使

其在更广阔的领域里得到发展，从孩子自身的利益和发展考虑，我总是想近距离地观察他们，不想通过别人的看法和观点来影响我的判断。这样做不仅仅是把他们当作自然的产物来观察，更多的是想看看他们是不是可造之材，是否可以通过个性化的教育，使其成为一个快乐的、对人类和社会有用的人才。事实上，这并不是一件容易完成的任务。

我发现这孩子体格健壮、智力超群，远比我预想的要好！我用荷马和维吉尔的著作来测试他。我发现他拥有足够的词汇和丰富的知识，能轻松地翻译和把握其中的含义——依靠一种很自然的能力，而不需要严谨的文法和逻辑知识，他就能准确地把握上下文的内容。对我来说更值得注意的事情是，他能富有感情地朗读，表现出了极强的感染力。另外，我并没有发现他身上有什么特别的天赋和显著的才能：他的记忆力、想象力和智力大致是平衡发展的。令人欣慰的是，他是一个快乐健康的男孩，也带着一点顽皮。至于他对英雄史诗和热情澎湃的诗歌和作品的偏爱，都源于他所受到的早期教育。这也充分证明了他父亲的教育方式是正确的。

我们不可能活到能亲眼看到这个方法产生最终结果的时候。但我像您一样衷心希望，就像我们经常说的那样，我们的国家能利用好大自然这个不同寻常的恩赐，使这个男孩子获得其应得的幸福。从表面看来，他的职业、才能和良好的天赋将在知识的领域里扎根发芽，更准确地说，很可能是在历史领域。

尊敬的朋友，请您原谅我，我说的比我本来打算要说的要详细冗长得很多。这完全是因为能又一次地与您交谈的快

乐所带来的结果。

您忠实的朋友：海恩

哥廷根，1810 年 7 月 25 日

用"自然习得"的方式获得知识

卡尔四五岁的时候，就已经从母语的学习中掌握了难以估量的财富。他不是通过读死书的方式获得的，也不是通过一气灌输希腊语、拉丁语而获得的。现在还有很多人认为，还是必须采用灌输，或者说是反复灌输的方式。

一个 13 岁的男孩，每周要学习 16 个小时的拉丁语！这实在太可怕了。但不幸的是，1818 年，柏林的一所著名学校里就曾发生过这样的事。

卡尔学习德语，一定程度上得益于生活中，在房间里、在花园里、在草地上、在田野里、在树丛中、在社会中、在长长短短的旅途中，总之，在任何条件下，我都为他营造了一个纯正德语的环境。他一岁的时候，我们走到哪里都带着他到哪里。而且只要有可能，都尽可能详细地向他解释看到的每一件事物，尤其是他感兴趣的事物。

因此，在他出生后不到 2 年的时间里，就随我们到过梅尔茨堡、哈雷、莱比锡、维森福尔斯、瑙姆堡、德绍、沃尔利兹、维腾贝格等地，就这样，他见识到了他在家里从未见过的东西，学到了很多知识。

他三四岁的时候，就能更频繁地来往于这些地方了，他对所见所闻的印象也更深刻，理解也更清晰，他的知识面也得到了拓展。当然他也看到了更为重要和更为有趣的事情。他3岁时就在莱比锡住了八个星期，四五岁时跟随我到过马格德堡、哈尔伯施塔特、萨尔茨堡、施腾达尔，还到过曼斯菲尔地区、哈慈山区等。他看到了各种类型的社会生活，很多东西都给他留下了深刻的印象。他也因此熟悉了音乐会、戏剧和歌剧，看到了水车、风车、狮子、鸵鸟、鼹鼠、蝙蝠，也熟悉了盐矿和蒸汽机、乡村市场和莱比锡的集市，熟悉了挖掘洞穴和矿井，熟悉了上流社会，也看到了可怜的临时工的小屋，看到了舞池，也看到了停尸床。

他不像其他的孩子那样，仅仅用眼睛看到事物的表面，他所理解到的更为全面深刻，甚至比成年人更加深入。那是因为我和他母亲经常与他一起讨论，或者说我们故意在他在场的时候讨论，并经常问他是否注意到了这个或那个，他是否感兴趣等。他很快就习惯了重复和讨论他所看到的、听到的，而且有时还主动询问我们，向我们讲起，甚至反驳我们。

卡尔5岁的时候，就随我一起去了波茨坦、柏林、普列格尼茨，经过长途跋涉，从梅刻伦堡来到罗斯托克、瓦尔纳明德和多波伦。在风和日丽的天气里去了海边，了解海上人们做生意和航海的状况。接着还路过路德维希鲁斯特，在阿尔特马克的村庄里住了好几个星期。所到之处，不管是何种社交圈子和行政区域，人们都把卡尔当作自己心爱的孩子一样对待。人们十分喜欢这个问题多多的小家伙，并乐于告诉

他一些新信息。这样，就为他积累丰富的语言和其他知识奠定了基础，而这在我们成年人中也是不常有的。

我必须强调一点，只要他的父母知道什么是对的，他就不会产生错误的认识和偏颇的想法。如果我们缺乏足够准确的信息，那我们就必须向那些受过良好教育的人请教。

卡尔6岁的时候，我带着他在德累斯顿住了六个星期，使他熟悉了当地美丽的自然风光，特别是那里的艺术珍宝，并通过当时和后来不断的观察和反复的讨论来提高他的品位。在莱比锡、波茨坦和柏林，或者所有能见到美丽事物的地方，为了避免他因为孩子气而喜欢上色彩明艳的图画，我开始警告他这样的图画是没有价值的。在参观德累斯顿艺术画廊的时候，尤其是在意大利厅欣赏那些古老的文物和古董时，我特别提醒他要注意这一点，并向他详细讲解。从那以后，我就再也没有从他那里听到过在艺术方面有任何愚蠢的判断和认识，而这种愚蠢的观点我们却常常听到，甚至会从成年人那里经常听到。

居住在德累斯顿期间，只要天气晴朗，我们就去参观普劳斯谢尔、格伦德、莎兰德和整个撒克逊瑞士地区。以前我不止一次到过这些地方，目睹了美丽的景色，这次还带着一本书，身旁有一个向导，因此我们不会错过任何东西，也不会走马观花式的浏览。这些天堂般的景色对一个成年人而言已经是丰富多彩，对于一个6岁的孩子而言更是美不胜收。这些美丽的地方包括沙安铎和洛曼、莱布施勒和奥瓦尔德、库斯托尔、普罗比施塔、巴斯琴、施托尔佩、温纳伯格、库尼格施太因、

利林施太因、松恩施塔恩和波尔斯尼茨等。

在上述地方看到的东西，我们都把正确的名字告诉卡尔，并教他正确的发音，还与他交流对这些地方的看法。我们的向导、朋友、熟人与他和我交流想法和观点。卡尔不仅把这一切都告诉他的妈妈和他在梅尔茨堡、哈雷和莱比锡的朋友，还把他的感受写信告诉在远方的朋友。这样，在他的能力范围内，他能尽情、清楚地表达自己的看法。

这样做的效果比人们想象得要好得多。因为一个人对事物的名称和特点了解得越多，就越能更好地把这些知识传授给别人，他所积累和掌握的知识储备就越丰富，他就越能让自己去"寻找、比较、鉴别、分析、摒弃或选择"，也就是边工作边思考。一个人思考得越多，他就越会思考。因此，如果我们能让孩子知道，在做事或说话之前首先认真思考的话，他的收获将是不可估量的。

一个习惯思考的孩子时时刻刻都在学习。对于一个特殊的课题，可能一开始他会觉得有困难，但他会习惯性地希望去了解它（我认为教育得当的孩子"不得不去弄明白"），至少他会尝试记住他所不能理解的，并悄悄地下功夫，以便搞清楚那些对他来说难懂的问题。他会向别人请教，调查、倾听与之相关的事情；他会读到一些完全不一样的东西，从中得到启发，来帮助他理解之前没有弄懂的问题，现在他所有的精力都投入到新的活动当中。他刻苦地阅读，向他的父母、老师、朋友请教。总之，他从不停息，他奋力冲破无知的波浪不断前进，直到抵达开满鲜花的光明彼岸。

观察力也是很重要的，一个孩子如果能在较早的时候就熟悉很多事物，对事物的名称和特点都能了解，能够很容易地表达对它们的正确看法，养成全神贯注地倾听别人谈话的好习惯。在整个过程中，他不知疲倦，也不会哈欠连天，不会表现出那种愚蠢的、孩子气的、不动脑筋的专注。当他理解了大部分谈话内容的时候，就会对这个事物产生浓厚的兴趣。如果有什么他不能理解的，他的兴趣会更浓厚，因为那些内容对他来说是新鲜的，他希望弄懂它。他的这种惯性活动不会停止，直到这个问题彻底解决为止。

一个孩子在 10 年里，也就是 3650 天，按每天 10 个小时计算，那就是 36500 小时。可以想象，如果每一次谈话时我们能教给他更多的东西，那么他学到的东西将不可估量。

我坚信，只要我们知道正确的方法，并且能够并愿意去尝试，即使是普通的孩子也可能会培养成一个天才！

第八章　我具备把儿子培养成学者的技巧吗

好父母胜过好老师

哦，不！事实上，在中学和大学阶段，我确实能做到像周围优秀的同学一样卓越，作为研究生，对学业我也一直孜孜以求，并通过了高等教育的各种考试，如马格德堡的法律考试和柏林的高等法律考试。同时，我也不断地指导别人，这有利于增长我的知识。另外，我还在德国一个私人创建的教育机构获得了教职，创办这个机构的人都成了德国历史上伟大的教育家，比如盖迪克、萨尔兹曼、普夫费尔、鲁德尔福等，能与他们共事，真是令人受宠若惊。

对于我这样一个生活在乡下、收入微薄的人，根本不具备足够的教育手段，直到卡尔 8 岁到 10 岁之后，还来教育这个进步神速的孩子。就是说，正如我当时所想的，我所能做的，就是对他的指导持续到他达到高等教育机构的高年级的最低水平而已。

在卡尔出生前后，我就计划好了，一旦我不能给他提供更多的指导，就让盖迪克和丘士伟这样的人加入到对他的教育中

来。在他们的学院里，有10~12个教师。在柏林的格雷·克罗伊斯特学校则可能有更多的教师。他们有充足的资金，可以选出最有能力的人，安排到最适合的职位上。考虑到这些，我觉得我代替不了他们。

在对儿子的教育过程中，出现了一些心怀恶意的人试图破坏我和我朋友们的计划。因此直到现在还能听到有人说："那算什么，只是装出来的谦虚罢了。他当然有信心完成他想要完成的事情，甚至还有可能做得更好呢！"

我本该预料到会出现这样的嘲弄。那些绅士总是显得很傲慢，只是为了维护自己的虚荣心，往往出于好的动机而做不好的事情。他们所采取的办法也无非是在工作伙伴、好朋友、雇员或门徒的支持下，散播谣言，恶意诽谤，或者在街头巷尾交头接耳，利用信件把谣言传播到本城之外的地方，在期刊上发表各种评论。

所有这些诡秘的行为给我儿子和我带来了极大的伤害，但这些骗子们没有达到目的，因为我的儿子仍然深受尊重和爱戴。

美好的目标已经确定，而且在上帝的帮助下，一切都会变得更好。我的儿子和我将进入一个更好的世界，我们将很快证明，人类的教育完全能以超出人们想象的速度往前推进，而不会给他造成任何伤害。

我没有理会那些争议，他们说我有信心完成我已经完成的事情。我的回答就是："不！"从孩子出生时就开始做好的

准备，就已经表明我讲的是实话，我后面的行为还将更清楚地说明。

一旦我儿子在学习拉丁语方面取得了一些进展，并开始学习希腊语，我就开始寻觅一位能助我一臂之力的教师，因为我感觉到，根据我的教育理念，我所能做的已经相当有限了。

在哈雷、莱比锡和马格德堡，在柏林，我努力地寻找，愿意每年拿出对我而言相当丰厚的薪水和优厚的待遇，来找一个合适的教师。事情并非如我所愿，很少有人能达到我的要求。即便有几个人达到了我的要求，又向我提出了更高的条件，或者要求我为他们提供更有前途和发展的未来。

而我希望找到的那个人，能够熟练地阅读希腊语，就像我满怀愉悦地阅读德语、拉丁语、意大利语和法语一样，同时，这个人对母语的掌握应该非常到位，能毫不费力地将每一个希腊语翻译成准确的德语，反过来也能把德语翻译成希腊语；精通所有的语法形式，包括地方方言及其语法规则，还能举一反三。总之，我需要一个能陪伴我的孩子并能教他希腊语的人。更重要的是，他应该对希腊文学、希腊文学家和不同时期希腊各城邦的文化非常精通；另外，他还应该了解这些国家的制度、经济、民俗、战争与和平、教育、道德、宗教、政治、商业、艺术和科学等。如果他还对罗马及相关的一切也有所了解的话，就再好不过了。

我认为我终于找到了这样一个人，那就是我以前的同学——B博士。通过我们共同的朋友格劳匹兹，我向他提出了丰厚的薪金待遇。但是他没有答应，他告诉我已经有了一份发誓要忠

诚于此的工作，并且考虑到待遇和发展，他还不愿意放弃自己
的事业。

在他之前和之后，还有很多人也被推荐给我。但通过密切
的接触后，我发现他们基本上都不符合我的要求。实际上很
少有人甚至还不能像我一样掌握两门语言，达到更高要求的
人就更少了。

我还要举一个例子。

一个大学生带着母校给予的诸多荣誉荣归故里，他自己、
他的父母和亲戚朋友都认为他就是那个著名哲学家的高徒。
朋友们把他推荐给我的时候，断言如果他能成为我的助手，
于我而言是件非常幸运的事情。

他夸夸其谈的表现令我非常怀疑。我告诉他，我还没有最
后下决定，但如果他——暂且称他为 W 先生吧，要是他能够
离开父母先到我这里住上一个星期，按照我的方法，每天抽
一个半小时指导我儿子学习希腊语，我将会非常高兴的。

第一天，我先把自己的教育理念告诉他，并先让他看看我
是怎样教育卡尔的。

从第二天早上起，他的工作正式开始了。我好不容易买来
了一本简单易懂的读物，我要求他从这本书开始，但他却进
屋拿来了一本《伊利亚特》，并很快就以一种专家式的口吻
作了介绍。这让我不得不相信他只是照本宣科，后面出现的
错误又不断地印证了我这种推断。

小卡尔不时地发出叹息声。他看着 W 先生，就像是在看一

头怪兽，一头令人害怕而不是令人高兴的动物。偶尔孩子张开嘴，好心地说："我一个字都听不懂！"但都被 W 先生滔滔不绝的高谈阔论所淹没了。

卡尔耐着性子听他讲课，和我一样。

半个小时过去了，但这个深奥的导论还没有要结束的意思。我不得不提醒他今天就到此结束吧，再做 5 分钟的翻译就可以了。我非常希望他能从我拿给他的读本开始，如果 W 先生愿意，也可以从《伊利亚特》开始。

W 先生果然开始翻译《伊利亚特》了。他吃力地找出每一个表达强烈悲伤的词语，并用不地道甚至蹩脚的德语断断续续地翻译出来。我只是感到有些震惊，而我那可怜的小儿子简直惊呆了，因为按照惯例，一会儿我会要求他把刚才听到的全部复述一遍。

看到这种情况，为了消除他的恐惧，我做了一个快乐的手势，并说："亲爱的孩子，你不用复述这些，因为这对你来说确实太难了。除非在老师的帮助下，先把它一起翻译出来。但这显然是不可能的，因为 W 先生对这部作品实在太熟悉了，他不需要像我一样慢慢查字典和语法书，给你逐个解释其中的意思和语法。对他来说，那样做很麻烦。但是你知道，因为我爱你，我愿意为你这么做。"

这样做不仅让卡尔冷静下来，也不会对 W 先生造成伤害。当我们单独相处的时候，我告诉他能否降低一些讲课的难度和深度，否则卡尔什么也学不到。但 W 先生坚持认为这是最适

合的教育方法，而且这是从他那伟大的老师那里学到的。

"请原谅我，"我答道，"这实在有点糟糕，我并不认为这种方法对青少年来说是正确的，对一个 7 岁大的孩子来说这更是毫无意义。"

但 W 先生坚持认为自己是正确的。由于他是我的客人，我也只能耐心地忍受着，恳求他看在我儿子如此年幼，我的希望如此殷切的份上，从第二天起能从基本的希腊语讲起。W 先生最后终于极不情愿地答应了。但第二天，他的讲授仍然把我和儿子吓到了。

听他讲了 15 分钟课，如同受了 15 分钟的折磨。我急切地打断了他："卡尔，你能听懂 W 先生讲的东西吗？我的意思是，你能完全理解并复述给我听吗？"

那可怜的孩子从来没有这么痛苦过，他深深地叹了口气，说："没有，亲爱的爸爸，我实在做不到！大部分我都听不明白，有的甚至完全不懂！"

"没关系，"我回答说，"W 先生，我真诚地请求你，把《伊利亚特》放在一边，用你手边这本通俗的读本。我非常感谢你的好意，但相信你也看到了，卡尔现在还领会不了《伊利亚特》的内容。我相信你是想帮助卡尔，是想履行你的职责。"

经过反反复复的反对和保证之后——当然这些反对最后证明也是好意的，卡尔终于能渐渐听懂他讲的一些内容了。最后他才下定决心，和卡尔一起把那本简单读物中的小故事翻译出来。

这一切马上就要结束了。因为他有很多弄不懂的单词和句子，这令他很尴尬，碍于面子他也不愿意去查字典，只好大胆猜测这些词语的意思，并用蹩脚的德语翻译出大致的意思。

所有这些与我的初衷实在是相差甚远。我一再要求他尽可能放慢速度，把词语讲解得更透彻一些。卡尔也提出这样的要求，但都没有用。最后，我不得不告诉他，卡尔对他所讲的东西几乎一无所知。我用自己的语言把下一个故事翻译给卡尔听，小卡尔突然兴奋起来，迫不及待地要给我们复述那篇故事。看到这，W 先生才不得不采用这种方式去做，而这是我第一次就教给他的方法。

我想任何人有过这样的经历之后都会有所改变。但 W 先生依然坚持己见，从未怀疑过自己的学识和教学的能力。我只好不再劳烦他来指导卡尔了，几天后他离开了我们。

正确的教育成就孩子一生

类似不幸的经历又发生了几次，见到和听说的这类事情也不少。要把孩子交到这样的人手里，实在是太可怜了。

他不仅不能学到什么东西，更糟糕的是，他的脑袋里会装满错误的理念，这将阻碍他今后学习正确的知识。他已经习惯了一知半解、模棱两可，并把传授知识的教师视为世间唯一的明灯、偶像，别人给他更清楚的解释也听不进去了。尊敬的老师说："这个人什么都不懂，他只知道些老生常谈的东西。"于是学生也这么说。结果，他关于学习、做学问

的观点往往都是错误的。就像我们经常听到成年人说出这样的谬论一样，这种错误往往会伴随人的一生。

更糟糕的是这种教导对人的一生带来的恶劣影响。这个孩子什么也没有学到，没有清晰的理解力，没有获得任何有价值的能力。只有一些似是而非甚至是完全荒谬的东西在他心里扎下了根，胡言乱语，自命不凡。如果他的肤浅尚能迷惑别人，那他们就必然抱着这种态度对待生活中的一切。

在他看来，坚持清晰、明朗的观点，或者尊重效仿拥有这些观点的人，这么做都是庸俗、卑下的。他永远也无法掌握某一事物，因为从来没有人教过他如何做。他也不希望去掌握它，因为在这种一知半解的黑暗中他才觉得舒服，他害怕看见常识的光亮。

因此他只愿意接受这类学者的观点，结果只是把一摊清水搅成浑水，尽做些无意义之事，甚至把事情越做越糟。

最糟糕的后果是这种令人迷惑的教育对孩子心灵所造成的恶果。我发现这种类型的学生总是表现得很自负傲慢，看不起那些比他的见解更为明智的人，特别是害怕别人或者有求于他人。当父母和老师的很容易就会把错误传给自己的儿子和学生们，也把危险传给了年轻一代。

在经历了几次挫折之后，我终于得出一个结论。正如我最亲密的朋友，例如 W 教授、格劳匹兹牧师等人给我的建议，我拥有教育儿子所必需的知识，可以帮助儿子不断提高，甚至远远超出我的意料。

尽管这一开始证明了他们的观点，然而，也不是全都正确。因为他们看到的只是人类天性中极少的一部分，而人的天性是无法估量的。

如果我按照最常规的方法，把所有的东西都灌输给儿子，哪怕我付出三倍的时间和精力，卡尔的发展说不定还达不到现在的一半，还会带给他无尽的折磨。但是我反其道而行之，如果我掌握的知识更多，孩子学到的知识应该会更多。

他不知不觉地一直在坚持学习。他的心智在增强，举止日益优雅，以至于他可以清晰地透过现象找出事物的本质，因为"他已经插上了腾飞的翅膀"！

但是他并没有意识到他所做的是任何一个小孩、任何一个普通人做过的和应该做的。另外，他乐于学习，因为他感受到了学习带来的快乐，并看到了自己的能力在持续增强。

当很多人厌倦学习时，他却更加渴望学习。一旦遇到一个他知之甚少的领域，他还会感到难过："哦，我错过了多少快乐啊！"他不仅会这么说，而且他也是这么想的，在他的眼里甚至闪烁着泪花。对于那些比自己知道得更多的人，他万分尊重，更对那些不厌其烦教给他新知识的人，他万分感激。

他抓住每一本书、每一个学科、每一种语言，如饥似渴地汲取它们的精华。当孩子们达到这样一种境界后，他就获得了一切。接下来，就要看上帝的了，要看他带给你怎样的力量了，这种神奇的火花是我们肉眼所看不见的，必将我们的内心引至光明之境。

有了这样的指引，孩子一定会不断前进，直到走到人类或他自己的本性的极限。他必定会达到更高的高度。

这都是我的推测，也仅仅是我的推测。我不能肯定未来会发生什么事情，但这些例证足以证明我的观点，并马上在莱比锡获得了普遍的赞同。在我的新朋友艾哈德教授的鼓励下，我决定开办一所学校，可以把我儿子所接受的那套教育方式传授给其他孩子。

这所预备学校每次最多只招收十个孩子，这是为了使每个孩子都能得到足够的关注，我还决定聘请几个合适的老师，并亲自对他们进行培训，尽可能地减少干扰。我想实现的目标是显而易见的，人们对于可能出现的结果也感到满意，他们对我所需要的能力和意志力充满了信心。他们把孩子送到这里来，孩子的年龄也正符合我的标准，其他条件也令我满意。但我还不能接受全寄宿生，所以不得不招收半寄宿生。

和我一样，我妻子也在别人的要求下，开始给十个女孩授课。还有一些条件符合、出生于高贵家庭的孩子也来了。但是，命运往往不能遂人愿，威斯特伐利亚政府命令我和我儿子前往哥廷根，我不得不谢绝了那些学生和莱比锡为我儿子提供的生活津贴，但我终身都将对他们的好意心存感激。

我更加透彻地体会到，人将逐步走向完美。我也乐观地相信，这样一所预备学校足以使孩子们的身心得到充分的发展，让他们在这方面都取得不同凡响的成就，并足以抵制不良的影响。这些孩子很快就能区分美丑、明辨是非。接受这

种教育的孩子，只需要一点正确的开发和引导，就会取得更大的成就。因为人类的精神力量得到正确的刺激，就能冲破束缚。即使铐上了脚镣也势不可当，甚至会取得更强壮的力量。那些心智能力已经被唤醒的人，即使历经坎坷，也能在大起大落后必有一番作为。毫无疑问，人的完美究竟有没有极限，这个极限到底在哪里，这是个长久以来的难解之谜。

第九章　人们对卡尔早期教育的反对意见

人们对早期教育的各种偏见

要将所有合理和无理的、出于善意和恶意的反对意见，都在这里一一陈述，显然是不可能的。我只简单地谈一谈那些看上去有些道理，给我留下了深刻印象的观点。我将尽可能以简短的方式反驳它们。

在这里我必须明确指出，大部分发出反对之声的人，至今都还没见过这个孩子。通常，一旦他们亲眼看到卡尔并与他交谈之后，都会收回之前他们所说的话。

当卡尔8岁大的时候，他已经是学术界众所周知的人物了。

"他一定体弱多病，"他们说，"与孩子的健康比起来，智力上的早熟简直不算得什么。"

然而，那些熟悉卡尔的杰出人士却以他们的名誉担保，孩子的身体非常健康。

"他到了9岁或10岁的时候就会大病一场，顶多再熬一两年，他就会在十一二岁的时候过早地结束他短暂的生命。"

事实上，卡尔既没有生病，更没有死去。

"毫无疑问，他的大部分时间都是在书桌前度过的，这对他没有任何好处！"

对此，那些熟悉卡尔的人发表公开声明，他比任何一个孩子待在书桌前的时间都要少得多。

"他没有享受过童年时光！"

别的人——不是我——将大声断言，再也找不到比他更快乐的孩子了。

"他一个人独处的时间太长了！"

然而，事实是当他还是个小不点儿的时候，我就常常带他出去结交各种社会人士。

"他长大以后一定很严肃。"

至于这一点，最高的权威已经证实，卡尔确实是在该严肃的时候能变得很严肃，但没必要严肃的时候，他会变得很活泼、快乐，甚至很淘气，这一点与其他孩子没有什么两样。

"他肯定不喜欢做孩子们的游戏！"

高斯穆斯和其他人可以作证，卡尔非常积极地参与孩子们的各种游戏，常常蹦蹦跳跳、吵吵闹闹，他的快乐是有目共睹的。

"他从来不知道如何与其他小朋友相处！"

比起其他小伙伴，认识他的孩子只要和他混熟了，都更

愿意跟他一起玩。因为他从来不会提出任何不合理的要求，也不会损坏他们的东西，还常常愉快地做出让步。

"他一定会骄傲、自负、任性，看不起自己的伙伴！"

他的小伙伴们早已不再因为卡尔的学识而嫉妒他，看到自己的父母和亲友喜欢、爱护卡尔，他们也表现得很宽容。因为卡尔实在是很谦逊。只要别人知道得比他多，他就会很谦虚地向别人请教。

他从不炫耀他的学识，也没人认为他会吹嘘自己。

"他只是从书本上学到知识，他将在社会上感到手足无措，不知道怎么做人。"

但无论是在宫廷里还是乡下的小木屋里，无论是在富商的家中还是牧师家里，无论是在上流社会圈里还是普通市民家里，他都很受欢迎。所有人都认为他就是在他们生活的那个圈子里长大的人。

"到他 13 岁或 15 岁进入青春期以后，就会逐渐消瘦，逐渐衰弱，直到死去！"

所有的这一切并没有发生，相反，他长得非常健壮，朝气蓬勃得犹如一朵盛开的玫瑰花。

"如果他幸存了下来，身体也没有受到任何伤害，那他的智力仍然会受到影响。因为经过太快太早的开发，他的智力已经发展到尽头了！"

事实上，卡尔的智力并没有受到任何损害，而且还是像以

前那样进步迅速。

"他心里只有学习和那些干瘪的语言，此外一概漠不关心。如此美好、快乐的世界都与他无关，这对他来说是多么无法弥补的损失啊！"

如果他真是那样，确实损失不小。但是，当他还是孩子的时候，就热爱自然中所有美好的事物，热爱人类和动物，热爱伟大作家和诗人的作品。他还会很快地找到并指出这些作品的优美之处。就像很多文化人士所说的，卡尔能很好地朗读并背诵这些作品。他还热衷于参加各种社会活动，在各种举止高雅的社交圈里，你经常能发现他的身影。

现在他不仅能轻松地写出散文和诗歌，而且我坚信没有什么是他做不成功的。

父母决定早期教育的成败

我要列举出来的最后一条反对意见来自于圣彼得堡。这让我一度产生了动摇，因为它向我描述的未来太过遥远，我不能根据现在的情形来进行反驳。直到现在，我也不敢对未来抱有太多乐观的猜测。而且，提出这个反对意见的是我如此尊敬的一个人，一个哲学家，一个富有智慧、充满感性又阅历丰富的人，他真心地爱着我和我的家人。他自信地与我谈及他的疑虑，不带任何的恶意，并不是试图以专家的意见来反对我和我的工作。

科斯金拉斯·冯·雅各布，是我在哈雷大学时的哲学教授，

后来成了我的朋友，并见证了我最后一个孩子的洗礼。1811年
7月23日，当时卡尔才11岁，他写来这样一封信：

　　说到您儿子，我知道这样一个儿子给你们全家带来了很
多欢乐，而我也深有同感，因为我也有幸成为你们的朋友，
我爱你们。但我必须向您坦言，我在快乐的感受中掺杂着一
点点疑虑，我不能确定早熟对于您的孩子来说是否百利而无
一弊，也不能确定您的孩子是否一定比别人更快乐、更完美。
我当然深信您的方法和努力是促使孩子早期发展的最主要动
力。同样可以肯定的是，在您的激励和指导下，您的儿子已
显示出超凡的天赋。

　　但如果要让这种早期发展成为您儿子一生的优势，那就
需要让孩子均衡地发展。您儿子在9~11岁之间的智力发展，
已经是其他孩子15~19岁才能达到的水平。然而，一般人的
智力发展一直持续到21岁，以后再发展的可能性极小，只有
知识和经验还会增加。假设您儿子的智力水平在他9~21岁期
间一直以同样的速度发展，那么毫无疑问，他今后将成为卓
尔不群的人。可如果他的智力发展就停留在14岁的水平，那
么，在他20岁的时候也不会比其他同龄的孩子优秀。当然，
他可能会比别人拥有更多的知识。那么您的儿子将在18岁或
20岁的时候一直受人羡慕，但之后他会突然变得与常人无异。

　　现在，我必须提醒你考虑一下，如此不同凡响的崇拜和
羡慕，都加在一个孩子身上，这肯定会对他的成长造成影响。
如果某一天——当他20岁或21岁时，您的孩子发现他变得和

常人没什么两样，对他的赞美也不复存在，这会造成什么样的后果呢？我要是孩子的父亲，这种可能将使我充满忧虑。一个从小就备受公众关注的孩子，突然发现自己不再受到万众瞩目时，他一定会很难过。我亲爱的朋友，这些就是我对您的担忧和忠告。您知道，我就是这样一个有什么说什么的人，何况是对您，我最尊重和爱戴的朋友，我更是不会有任何隐瞒。

不久，我就给他写了回信。我认为他的担忧不无道理，但我有充分的理由不必为此担忧。不过我仍会采取积极的预防措施，以避免对卡尔造成太大的伤害。倘若不幸被他言中，可能就是在3年后，也就是卡尔14岁时，我会给冯·雅各布教授写信，正如我一贯的那样，坦诚地向他请教未来的发展问题。如果他担心的事情真的发生了，我也决不会有所隐瞒。但是，如果情况恰恰相反，他也必须允许我以我和我儿子的名义将事实真相公之于众。

1814年6月22日，离我儿子14岁生日还有10天的时候，我给雅各布先生写了如下这封信：

首先，我们来谈谈您对我儿子的观点。您担心到他14岁的时候，他的智力水平将停滞不前，不再继续发展；到他20岁或21岁的时候，他将不再受到世人瞩目，脾气也将因此变得暴躁，这个观点无疑是很有见地的。我必须向您说明，这之前还没有其他人对我提出这样的意见，您的意见确实一直困扰

着我。我并不愿意与人讨论未来才会发生的事情，这只会导致不愉快。或许您所设想的事情会发生，但到目前为止似乎还没有任何迹象：（1）我的儿子在这个7月就满14岁了，但他的智力仍然在继续发展；（2）他依然很谦虚，从未想过要得到别人的崇拜，或者说并没有注意到别人对他的关注。

我当然希望他的发展不会很快就停滞了，但如果这种情况真的发生了，他也不会感到过度的悲伤。其实，他并未失去什么，相反，他已经获得了很多——他受到的悉心细致的教育，各种各样的信息，很早就有了丰富的阅历，对整个世界的认识，在旅行中认识的人，以及得到的尊重和盛情款待。

我们都不可能控制事情的发展，这是非人力所能左右的。但就目前的情况而言，事态似乎是朝我所期望的方向发展的。

这样，这条最让我担忧的反对意见，很高兴，终于被克服了。谢天谢地，如果让我现在再回复那封信的话，我会带着冷静而愉快的心情感谢上帝。直到现在，现实的情况就如那封信所说的一样真实。如果是现在，我一定会多谈谈我和我的儿子。

第十章　我的儿子真的受益于早期教育吗

正直善良的品性是培养出来的

当然！卡尔在很多重要的方面都受益匪浅。对卡尔的教育，主要基础之一就是培养他的虔诚和道德。他能在每一件事物中都看见上帝——他的父和万物的父——的存在。他尊敬并热爱身边的一切，把动物和植物视为同类，甚至视为手足兄弟。因此，在他努力往更高的层次奋进的过程中，也从不嫉妒、藐视过其他事物。相反，他真诚地尊敬他们，温柔地爱着他们，深深地同情着不如自己的人。他只是通过父母的教诲、自身的勤奋以及与人交往来努力提升自己，而且所有这些方式对他而言都是珍贵的，这与普通孩子截然不同。

他像和朋友谈话一样与上帝交谈，感谢上帝的赐予和善意的指导，希望能得到进一步的帮助。他把每一件令人愉快的事情，每一次享受到的快乐，都归功于上帝的赐予——万能的欢乐的赐予者。在绽放的玫瑰花和口琴的悦耳声中，在拉斐尔的绘画和画眉鸟的歌声中，在瑞士山脉中生活的撒克逊人，在小草的叶片上，在人类的精神和聪明的小狗身上，无不显示

出上帝的存在。

他经常热切地祷告，但更喜欢一个人待在家里或只有父母在场，没有第三个人来打扰的时候。我经常听到他诵经，也与他交流过关于做祷告的若干问题，我能从他做祷告的方式中判断出他的态度。但是他祷告的内容会随着不同的环境和生活而变化。如果我们即将远行，他就会祈祷上帝保佑我们，并感谢上帝过去提供的帮助。如果我们正在某处拜访朋友，他就会企求这位善良的朋友能得到更多的回报，等等。如果我们中的一个，或者他的朋友生病了，他就会祈祷祝愿这人早日康复。他的祈祷词一般是这样的（卡尔每天早晚都虔诚地做祷告，随着时间和环境不同，祷词有所不同）：

"哦，上帝，我感谢您赐予我们如此愉快的夜晚，让我们度过如此愉快的一天！感谢我的父母给我提供了良好的教育！请您帮助他们在将来继续给予我这样的教育！希望在漫长的岁月里保持他们的安康！感谢每天所有带给我快乐的人！请帮助我，让我现在成为品行端正、诚实勤奋的好孩子！请帮助我选择一项将来对我和父母最有用的职业！"

"让我远离贪婪、骄傲、不纯洁的思想和谎言！请赐予我们有益的欢乐！那些表面上邪恶的东西，如果对我们有益，也请您赐予我们！请教我们承担责任！感谢那些为我付出了许多努力的人！仁慈的上帝，请善待所有的人，尤其是那些受苦的人！"

培养虔诚和道德教育的原则，在《旧约》和《新约》最好的选段和文章中都包含了富有教诲意义的内容，大多是耶稣

生活和教诲的故事，这为培养他正直善良的品性打下了坚实的基础。在上帝的造化中沉思，经常与上帝进行亲密的交谈，使得他始终把注意力集中于自身，因此他不会轻易犯错，也不会轻易就被别人怂恿做错事。他的心依旧是如此纯真，明智人都说他像天使一般纯洁无瑕。

基于同样的理由，在我们不在的时候，他也不会去做任何禁止做的事情。他会说：上帝在看着他呢，不能冒犯了上帝。

如何强健孩子的身心

有一次，我们去 L 地的 E 牧师家里做客。第二天早上喝咖啡的时候，卡尔不小心把牛奶洒到了桌上。通常在这种情况下，卡尔只能吃面包和盐之类的东西，不能再享用别的食物和饮料以示惩戒。

卡尔很喜欢喝牛奶。E 牧师一家很喜欢卡尔，特意把牛奶调得很甜，还配了一块精美的蛋糕。卡尔的脸突然就涨红了，十分尴尬的样子，放下了手里的牛奶。我知道这是为什么，但我假装什么都没看到。

E 牧师一家也看到了，鼓励他把杯里的牛奶喝完。他没有听从，并承认是因为自己不小心把东西洒到桌上了，就不能喝牛奶了。E 牧师一家自然又向他保证没有关系，他可以继续喝。我一直保持着沉默，故意装作忙着手里的事情。卡尔不为所动，而牧师一家都非常喜欢他，竟迁怒于我，他们觉得我当时应该点点头表示同意。

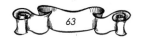

　　我把卡尔打发出去了，向牧师一家解释这一切是怎么回事。但我的解释没有起到任何作用，他们坚持认为因为一点小小的过失，就惩罚孩子不许喝牛奶、吃蛋糕，何况这是一个胃口极好、身体健康的小孩，简直违背了孩子的天性。

　　"如果你走开的话，他就会喝下牛奶的！"他们说。

　　"好吧，"我回答说，"我走开，这样你们就可以看到他所做的一切都是出于他的内心，并非是由我强迫的。但有一个条件，就是你们必须原原本本地告诉我所发生的事情真相。我可以事先答应你们，即使他自己喝了牛奶，我也不会责怪他的。"

　　他们也答应我会如实地把事情全过程都告诉我。

　　现在卡尔被叫了进来，我找了个借口出去了。E 牧师一家想尽各种办法让他把牛奶喝了，但就是不管用。他们又在牛奶里加了糖，还是不管用。他们又跟卡尔说，会把杯子加满，好让我看不出来他喝过了。他们又给他一块蛋糕，还说："你父亲的规矩里可没说这样的事！"他们刻意加重语气让他觉得我好像什么都不知道。可是小卡尔仍然不为所动，反复地说：

　　"即使爸爸不知道，上帝也会知道。这才是最重要的。要是我喝了牛奶、吃了蛋糕，这就是一种欺骗行为了！"

　　他们提醒卡尔，说你还要走很长的路，肚子里总要填点东西的。他坚持说，吃了面包和盐已经让他脸红了，这也能保证他有足够的体力。

　　最后他们不得不把我叫了进去，含着泪水向我描述了刚才所发生的一切。我尽力保持冷静，亲吻了卡尔，对他说：

"亲爱的卡尔，出于自己的意愿，你愿意接受惩罚，并且愿意诚实地履行。考虑到这点，加上我们确实还有一段路要走，朋友们也是这样要求的，我想你的惩罚已经结束了。现在去把蛋糕吃了、牛奶喝了吧！你已经遵守了规矩，我允许你吃任何东西！"

现在卡尔满怀感激地、高高兴兴地吃下这些食物。E牧师一家怎么也不明白，一个6岁的孩子怎么可能有这么强大的自控能力，能在自己最喜欢的食物面前也不为所动。

他们对纯粹的虔诚和道德所能产生的力量不够了解，有了虔诚和道德的力量几乎可以完成任何事情，否则就很难做好什么事情。

第二个原则是尽可能地发展和增强他的体魄和身体其他各方面的能力，自然还包括使各个感官得到训练而变得敏锐的能力。

第三个原则是从一开始就最大限度地发挥他的心智能力，包括推理能力、敏锐的观察能力、智慧、记忆力、想象力等。

虽然之前已经讨论过这个话题，但我还是要重申一下。

这些都要从学习语言文字开始，正确的思考，合适的提问，恰当的回答，准确的反驳，都要从他接触语言的时候开始学习。正因为如此，即使在他对科学和语言还知之甚少的时候，他的同伴们就很愿意和他在一起。这给卡尔带来了多少欢乐，也正是通过语言，他听到、看到了并最终学到了多少东西啊！

在我逗留或旅行过的地方，当地最优秀的人总是很乐意向

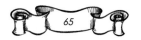

这孩子展示各种使他愉快的事物。因为他有美好的心灵，他的童年是在最为高贵的欢乐和持续不断的教导中度过的。

卡尔在6岁的时候开始学外语。他非常清楚地知道学习外语对他的好处，由于我采用了恰当而简单的方法，对这些方法的运用也极为谨慎，对他来说，掌握外语并不是特别困难的事情，不是一场与单词、单词的各种形式进行艰苦搏斗的战争。事实上，阅读外语的练习很快就成为一种非常愉快的娱乐和休闲活动，和他读德语没有什么不同。在这个过程中，他甚至没有意识到自己竟然已经学了这么多东西了。

科学方面的教导，我已经准备了很长时间。通过讨论、旅行，通过参观成千上万值得纪念的地方，通过古代和现代的各种故事，阅读各种多种语言的书籍等方式。

他对知识如饥似渴，还常常急切地寻找那些别的孩子觉得最难的问题。他学习古代和现代地理学，自然史的各种分支，数学、物理、化学等。所有的科目他都学习得非常深入。14岁之前他就得到了哲学博士学位，在这之前还获得了很多证书。一年后他成为了沃特兰自然科学学会的成员。因此得以住在美丽的莱茵河畔，深入研究法理学及相关的附属学科。年仅16岁时，他又荣幸地获得了法学博士学位。他去了不少地方，在柏林也住了很长一段时间，积累了很多经历，处处受人尊重，也免不了遭人嫉恨，发生一些不太愉快的事情。在那里他还受到了国王的嘉奖，国王让他参加为期2年的科学考察旅行，他刚好可以利用这个时间，为这个荣耀而有意义的使命，在理论和实践两方面做好准备。

第十一章　在孩子七八岁之前，是否应该放任自流

适当管教，胜于放养

"应该从什么时候开始教育孩子呢？"这是一个很普遍的问题。引用卢梭的观点成了这个问题最流行的答案："从七八岁开始吧。"对于持这种观点的人，我只好对他们说："在这么长的时间里还没有接受过教导，甚至还不进行任何教育的孩子，你去好好看看吧，看看他长大之后成了什么样的人。通常情况下，你将会发现他们已经变得任性自私、粗暴无知，只凭自己的欲望和恶习行事。如果你想要一个这样的孩子，那好吧，你就这样做好了！"

有一次，我与一个自称对教育很在行的人进行谈话。看到我的儿子在小小年纪就被教育得知书达理，他的语气里充满了轻蔑。

"不，"他说，"这种事绝不可能发生在我的儿子身上。他要享受童年。在8岁之前，他都能做任何他乐意做的事情，有保姆和他妈妈照看着就行了。"（事实上，他妈妈忙着周旋于

社交生活中，孩子就留给仆人照顾了——原著注）

"那以后你就教不了他了。"我很快反驳道。

结果表明我是正确的。尽管这个男孩天生十分聪颖，长大后却是一事无成，只是一个缺点不少的普通人而已。

也许有人要反驳说，好多伟人也都是这么长大的。确实有这种情况，但这也是极少数。那也只是因为他们出名了，引起了人们的关注，他们早期的生活也被人所知，然后人们就得出了愚蠢的结论，认为那样才是正确的。但是，人通常都能在他们身上找到光明的一面，也能发现阴暗的那一面，因为早年养成的缺点是根深蒂固，难以消除的。要在一个这样长大的伟人身上找出使其蒙羞的缺点也不是件难事，但我不会这么做的，这是一种病态的行为。

那些主张放任自流才是最好的教育方式的人，忽略了这样一个事实：那些具有非凡才能的人——真正的天才——总会取得成功，并成就一番伟业。但对那些只有中人之资或能力低下的人来说，这种方式就足以毁掉他们，而这样的人比起天才来可要多得多。人们还忘记了，那些天才如果一开始就能得到恰当的指导和教育，他将能成为一个更高尚、更卓越，对社会更有用的人。

同样一个人，如果因为本质上的缺陷，只能达到80分的成就。但加以精心的引导和有利的环境塑造，可能达到100分的成就。也就是说，他可以将好的那一面发挥到可能达到的最完美的层次。

如果把孩子放任自流或交给仆人照料，他就自然要和街上其他小孩玩在一起。一开始可能只是邻里之间，然后是朋友和熟人，最后就和所有的孩子都认识了。因为人是社会性的动物，孩子们也当然喜欢孩子们的世界。他们喜欢玩耍，能在户外尽情地玩耍是最惬意的事情，因为清新的空气能使人增强体力、精神愉悦。因此，孩子们在露天玩耍时最为高兴，尤其是与其他小朋友一起玩的时候。

如果让我选择，尽管街上存在一定的危险性，我也宁愿孩子在街上玩一会儿，而不是一直待在屋子里。我在这里说的不是柏林的房子，柏林的房子通常都很高大宽敞，通风采光也都很好，住在里面非常舒适，如果父母们安排得当的话，可以把房间作为孩子的一个小游戏厅。我这里说的是在小镇上或乡村里的房子，通常一家人挤在狭小、低矮、拥挤、潮湿的地下室里，房间里到处堆满了各种生活用具。

在这样的环境里，孩子们日渐衰弱，他们的消化能力下降，脉搏缓慢，面色苍白，眼神黯淡，生命的火焰在逐渐熄灭。他们开始胃痛、头痛、牙痛，浑身上下都不舒服，精神困倦。随后就变得性格倔强、固执、性情反常，甚至卑屈、驽钝、偏激、短视。健康的街头顽童也比这样要好啊，他们通常都有自己的独特方法，还能偶尔冒出新点子。与之相比，这样成天待在家里的孩子只适合做个打扫家务的仆人。做个仆人，他就能在熟悉的环境里优哉游哉。

别把孩子养成"温室里的花朵"

即便如此，我也不会忽视在大街上玩耍会存在很大的危险。我怎么可能忽视呢？我亲眼目睹过并且感到十分担忧。在这里我不想说他们受到的诱惑，也不说最可怕的少年罪行，相互怂恿通过违抗父母来显示出对父母的不尊重，以及欺骗、偷盗等行为。确实，这类现象经常发生，其后果非常可怕。但我想说的是孩子们在街头玩耍时经常发生的事情。

很多地方，比如G城，孩子们喜欢在房子周围的大石块边玩耍，人们常常能见到他们在那里赌钱，而他们通常都穷得可怜，让人都想给他们一点救济，而他们也要用这两三分的硬币和富人家的孩子赌，输赢也就是一毛钱的事情。很多次我都忍不住对他们喊："小赌棍，老骗子，叫花子！"唉，哪怕能奏效一次也行啊！另外，我几乎每次穿过村镇的时候都能见到两三个孩子在打架。起初只是稍有不合，然后就是相互谩骂，最后发展到拳脚相加，互扔石头。"愤怒把每件东西都变成了武器"，维吉尔曾这么说过。

我一看到这样的仗势就非常担忧，总是竭尽全力阻止他们。但我也渐渐变得无动于衷了，因为我认为我有点过于紧张，总是一想到有人在愤怒中挣扎就担忧不已。这样的人一辈子都不会有安宁的时刻，因为他总是对自己说："现在有人正在痛苦、愤怒地挣扎。"他必须面对这种情况尽可能淡然处之，或者是放弃自己不断涌现出来的息事宁人的念头。

在一些地方，孩子们喜欢玩扔沙石的游戏。开始的时候只是开玩笑，到后来则发展成最可怕的攻击。假如一个孩子正

在扔沙石，而另一个孩子刚好转身，夹杂着石头碎片和卵石的沙石正好砸中他的眼睛。如果只是造成眼睛有点疼痛而无其他大碍的话，简直就是万幸了。通常情况下，最后都发展成为一场恶战。

在某些地方，冬季玩打雪球的游戏非常盛行。在一定的限度内，我们没有任何理由反对。况且，玩扔松软雪球的游戏能给孩子带来无穷的乐趣，还能锻炼孩子的反应速度、敏捷性、注意力，使身体更加健壮。但是，雪球会越玩越硬。很多孩子长时间挤压那些雪块，使雪球变得既小又湿，然后把它们排成一排放在露天冻得很结实，最后再悄悄地藏起来，等待熟人的出现。这些雪球打在背部或胸口都会很疼，要是打在脸上或者眼睛上了呢？而且孩子们一般要等到目标离得足够近之后再用尽全力地扔出去。我不止一次看到在这种场合下，有人鲜血直流，或是鼻子、眼睛留下永久的伤害。

我常常目睹孩子们在嬉戏打闹中失手造成严重伤害，或者发展成暴力行为并最终导致严重的伤害。我想起一个叫穆勒的孩子，他的事情至今仍让我感到害怕。在一所高中附近的广场上，他和同学们经常在这里玩耍。广场被高墙所环绕，不远处有一些树木和建筑。穆勒经常在这中间穿梭，我担心他因为跑得太快，或是同伴追得太紧，我想喊住他，可是离他太远了。

伙伴们快要追上他了。穆勒想跑进学校的建筑里，以此摆脱他们。门只开了一半，另一扇门上下都闩死了。穆勒跑得太快了，他想转过头去从那扇半开的门冲进去，但是因为距离太近，速度太快，他一下子撞到了凸出的门闩上的钉子上面。同

时，伴随着一声尖叫，一股鲜血从他脸上流下来，他重重地跌倒在地上大哭起来。

我总是不明白为什么这个孩子的手脚残废了，那个孩子的腿瘸了，为什么一个孩子的脸上肿了个大包或者被割了一个口子，另一个孩子眼睛上的伤口还没恢复，还有的孩子一只眼睛失明了。现在我才明白这都是在街上玩耍时造成的。孩子们一般情况下都不敢向父母说出事情的真相，加上由于父母的过错，他们又害怕医生，伤口得不到及时的治疗。

我对这些危险非常了解，而且我也不会掉以轻心，但我必须重申我的观点：尽管上面已经讲了很多在街上玩的危险后果，如果让我选择，我还是宁愿让孩子在街头玩耍，也不愿意让他们长时间待在家里。所有在街头玩耍并幸运地没有受伤的孩子，要远远比那些待在家里的娇气孩子们强壮得多。那些洋娃娃们一看见松软的雪球就要吓倒，一阵凉风就能把他们吹得病倒在床上。

那些愚蠢的父亲或教育工作者们常常说，"应该让我的儿子在 8 岁前都能随心所欲，做自己想做的事，在这之前只需要把孩子留给保姆和他母亲照顾就行了"。这真是悲哀啊！

第十二章　我们如何保护卡尔免受阿谀奉承的影响

尽量将孩子的虚荣心消灭在萌芽状态

我们总是有所保留地表扬卡尔，对他的夸奖最常用的就是"对的，我的儿子""干得不错，我的孩子！""你应该是对的！""是的，就是这样！"……有时我们也采取一些其他的鼓励方式，比如给一个小奖品。我们送过一本马格德堡的芬克博士的书给卡尔，书中记录了芬克的故事，冷静而愉快地讲述了他为母亲或亲密伙伴所做的事情。但我每次对卡尔的表扬都不会说太多。听过我这些说明之后，人们都会回答："很好，卡尔！你真让我高兴！我喜欢这样！"诸如此类的话。

卡尔必须做出一些对于他这个年龄来说不同寻常的事情，我们才会轻轻拍拍他的肩膀或者亲吻他。当他说了或者做了一些道德高尚的事之后，我们会很乐意这么做以示赞赏。我的一次爱抚，一个亲吻，对他来说都是极其珍贵的奖赏。没有什么东西，会比我在他人生道路上这个重要时刻给予他的肯定和鼓励，更让他印象深刻了。毫无疑问，在上帝和其他

最为杰出的人士眼里，现在他变得出众了，而且也为有朝一日为社会做出有益的事情，打下了成功的基础。

就像一个天使一样，卡尔那充满稚气而虔诚的眼睛在向我们微笑。在受到这样的赞扬之后，卡尔通常会比以前更温顺、更用功。因此，不需要更多的赞扬，更不需要任何的奉承。但我们生活圈子之外的大多数人并不欣赏这种做法，有很多人甚至不想去理解它。

举例来说，尽管我的内心热情澎湃，但我表扬儿子时显得非常冷静，有时刻意淡化他所说的或所做的事情的价值，而且事实上也确实淡化了，人们注意到这一点，就会认为我苛刻、顽固、傲慢、不公正、霸道，甚至认为我在嫉妒自己的儿子。因为这些卑鄙的人，不能理解我的良苦用心。如果卡尔不在我身边的时候我讲出了真相，这种父爱也会被认为是做父亲的虚荣和傲慢。

这种歪曲事实的判断经常夹杂着讥讽和怜悯，而且，十几年来他们一直这么做，导致我和妻子之间产生裂痕。如果我不是绝对的公正、理性和善良的话，这些不幸的人早就达到目的了。

有的人会善意地告诉我，无论什么时候，按照他们的观点，我对卡尔的表扬实在是太少了。有时，听到有人当面对卡尔大肆赞扬，我就会把卡尔支开。他们会说："哦，你没有权利这么做！他应该享受这种赞扬，应该得到这种鼓励！"

不管我如何恳求，他们照样无动于衷。他们总是懂得很

多，至少自认为懂得很多，而且他们只会当着卡尔的面大呼小叫。

不久，我就察觉到了来自我朋友和邻居们的这些负面影响。因此，我有针对性地仔细做了安排。我断绝了与某些人的交往，尽可能减少与另外一些人的交往。尽管这不是我的本意，但为了孩子着想，我毫不犹豫地、明确地说出了过度赞扬的危害，这是非常必要的。在这种情况下卡尔完全理解我，但那些愚昧的人在我面前却变本加厉。

在糖、蛋糕、咖啡、啤酒、葡萄酒和其他美味面前，类似的事情也不断出现。但我亲密的朋友们，尤其是受过良好教育的人们，在这件事情上做得非常令人满意。他们不仅理解我的想法，而且慷慨地伸出援助之手。我只需要给他们一点暗示，他们就能按我的意图去做。

当卡尔令我和我妻子不满的时候，他们从来不会袒护他，而是冷静地教育他。如果我们对卡尔做出一个善意的评价，他们就会发自内心地爱抚他，而不会过分地褒奖他。

尽管卡尔还很小，只学了一点东西，甚至什么也没学到，但我们会通过不断地教育，给他讲短小的道德故事来对他进行道德的教育。

当他能绘声绘色地背诵，当他出乎大家的意料能够做智力计算，当他能非常快速流利地背诵、理解法语的时候，我不得不绞尽脑汁地寻找其他的方式。

在有关上帝的谈话中，我常常告诉他，与耶稣和成千上万

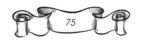

的可称为天使的有德之人相比，我们相差甚远；我告诉他，我们要感激上帝，我们的一切都要归功于他，包括我们的体力和脑力、幸运、教育和行善的动力。事实上，谦虚的品质很容易在一个幼小纯真的孩子头脑中生根发芽。

我告诉他，即使是最伟大的人，也能因谦逊而获得无穷的智慧、精神力量、善良、正直、公平、信仰、意志、耐心和战胜自我的能力。

因此，在卡尔的内心就会产生对上帝崇高的敬意，强烈、圣洁的爱，以及无限接近他的愿望。我的妻子露易丝或我，只能讲有关上帝生活中的小事，这在某种程度上更能体现出上帝的美德。卡尔立刻就理解了我们的目的，并且努力把这些美德运用到自己身上。他很自然地发现自己离神性还很远，然后就会不断地通过比较，促使自己往那个方向努力。

我们会给他讲很多杰出人物的故事。如果他们在智力、能力、天赋等各方面都出类拔萃，我们会清楚、客观地强调一下，而且会告诉他，他们曾为了达到这不可估量的高度所受到的屈辱。尽管我们不会过多地强调，但我们使他了解到，这些人的崇高品质被传承了下来，在这个过程中都伴随着热诚、圣洁的喜悦，有时甚至是眼泪。于是，他的内心被触动、被感染了，要想与这些名人一样行动的愿望就此产生了。

无论何时何地，卡尔都会按照内心的想法做他应该做的事情，一切正如我们所期望的那样。如果他不能这么做，我们就用这类小故事提醒他，我们的目标从来不会落空。

德国诗歌黄金时期的诗作，卡尔几乎都能熟记于心。这些诗作包含了高尚的德行、为他人而牺牲自己、博爱、心地善良、大度等高尚的品格，他都轻松愉快地接受了，并完全内化为自己的行为准则。

《勇敢的人——利德》《冯·格德里斯夫人》等著名诗篇，虽然篇幅很长，但都是他最喜欢的诗歌。这些流传于世的诗，他都能熟记于心。

现在，我可以去问问任何一个明智的人或者经验丰富的教育家：这样一个孩子，他会变得骄傲、空虚、不懂谦虚吗？

但要做到可不是容易的事！而且，对于一个不经常听到吹捧的孩子而言，我敢说，根本就不可能！

随着时间的推移，这种毒害（奉承）越来越多，形式也多种多样，为此我必须找到更多的"解药"。

有一次我们去哈雷，我预先猜想到，在我们与别人共同进餐时，在别人家里做客时，卡尔也会一如既往地受到赞扬。

在我们去往哈雷的路上，我和露易丝故意展开了一场关于褒奖、赞美和奉承的讨论。我们谈话时好像对卡尔一点也不在意，但是我们一直在暗地里观察他的反应。我不时地留下些话头，希望对他产生强烈的影响，使他明白这些事与他有关。

他很快就能明白，有些人出于软弱喜欢说一些让人高兴的话，却被误认为是厚道善良；一些心怀叵测的人常常为了占便宜也这么做；一些人虽然并无恶意，却因为无知而夸大其

词；甚至有一些人把奉承别人当作一种举止优雅的标志，为了让别人高兴而专说让人喜欢的话，尽管这一切都不是真的。

我告诉卡尔，真正的赞美，绝不是废话连篇。一个温柔的眼神，轻轻的一拍，真诚地发出表示赞美的声音，有时甚至只是脸颊的触碰，或者一个亲吻，都是表达赞扬的方式。最重要的是要出于爱和真心，或者那些人、那些事值得赞美。

我继续向卡尔讲起了朋友的一个故事：就像 J 牧师所做的那样，他没有对我的精神劳动大肆赞扬或吹捧，而是费尽心思地给我提建议，帮助我完善工作。

在这样的谈话中我们抵达了哈雷。我半开玩笑地说："你会注意到每一个守门人都会为了点小钱说一些言不由衷的话来赞美你。因为我习惯了给他们一点小费，他们会高兴得跳起来，跟我说他只是我卑微的仆人，并询问我的健康状况，说听到我很健康他们也很高兴。他们还会问我有什么命令，并补充说他确信我确实没有什么应该纳税的东西。"（我知道他说的都仅是死记硬背而已）。"他会相当惊讶，"我补充说，"如果我对这个'卑微的仆人'说'我的靴子在路上弄脏了，你给我擦干净吧'，或者我让他发誓听到我很健康后他会很高兴；说有什么需要他效劳的时候，要他'去跟 W 教授说我已经到了'。如果他的上司问'你怎么确信那个牧师没有东西需要纳税呢？'"

我继续说："如果那个人说德语，而且说得很好，所以他完全明白自己说的话是什么意思。你看，如果你对他们说的话太过当真，就很容易上当。更奇怪的是，有些人认为做父母的

太过理智、太爱较真，不容易接受直接的吹捧，这些人干脆通过赞美孩子来奉承孩子的父母。

"众所周知，大多数的父母爱他们的孩子，不仅是因为孩子是上帝赋予的高贵的存在，而且会觉得孩子就是自己年轻时候的影子。G先生这样的人就会认为，当表扬卡尔的时候，老威特就不会无动于衷。卡尔要做的就是只要不犯错，就应该得到夸奖。因此我为卡尔感到既羞愧又担心。这个可怜的孩子面对这些谎言的时候能作何回答呢？他必定会感到困惑。这就是我为什么喜欢R先生和W先生。他们的赞扬既真诚又理智，G先生最后赢得了千万父母的欢心，却就此毁掉了这些孩子，使他们变得自以为是、骄傲自满。

"最最奇怪的是，"我继续说道，"当父母的希望听到自己的孩子被赞扬的时候，一个诚实的人也不会通过这个方式来取悦这些父母。如果孩子真值得赞扬，他也只是表现出习惯性的礼貌。但诚实的人绝不会做出过头的事情。

"同时，还有一些父母竭尽全力地接近他，试图能'感化'他。假如这个诚实的人也有自己的孩子，他们希望通过大肆赞扬他的孩子来达到目的。'他当然会礼貌性地做出回应！'他们这么说，因此他们毫不吝啬自己的夸奖、吹捧，直到说得别人腻烦了表示抗议。赞美好不容易停止了，他们马上就会说：威特真是个粗鲁的家伙！我说了卡尔那么多好话，一点作用也没起到！我真希望他能夸夸我的孩子，但是他一点表示也没有。难道他认为自己能教好所有的孩子吗？那不可能！他的卡尔还不是缺乏很多本应该了解的东西。

"他们就在那里，我的孩子，你不觉得是这样的吗？"

卡尔完全表示同意，他提到了自己需要的东西，提到了那些曾称赞过他的人，其中很多都是言过其实，毫无意义。

"我曾看到过这种情况，"我和露易丝继续说，"当两个父亲或者母亲相互赞美对方的孩子，就像拍卖东西一样。一个比一个的语言夸张，直到其中一个相信自己的孩子简直与天使无异，实际上并不是那么回事。这些父母没有意识到这些赞美毫无意义，甚至有时候会给孩子带来伤害和痛苦。"

此刻，我们已经来到了大门口。我们的马车还未停稳，守门的人就已经跑过来（他认识这辆车、马和车夫），并用我意料之中的那些话对我们大加吹捧。我们都忍不住笑了。我调侃式地回应说："我们什么都没带，不用缴税。哦，对了，我有！"我指着卡尔说，"一个小家伙！现在来赞扬他吧！这是给你的钱！"我往他手里塞了一张钞票，继续进了城，然后我认真地说："他的恭维就值两毛钱！"

这场谈话的效果是显而易见的，但是我还想说两句。

如何防止孩子"自满"

一定不要以为经过这场谈话就能让卡尔自动达到预期效果。相反，如果在此之前没有长期、细心的精神和心灵的教育，没有父母持续不断的努力，没有朋友们的帮助，没有根植于内心的虔诚的道德热情，他就不可能看透这些虚伪的表象，这将对他的智力和心灵产生不可磨灭的影响。这就好比

一辆马车本来需要三匹马来拉。如果只有一匹马，即使这匹马累死了，这辆车还是纹丝不动。要想使车前进，而且是轻松地前进，就必须用三匹马来拉，这样才能保证车辆行进自如。

有很多人相信卡尔总是很完美，这样卡尔自己就不能察觉到自身的不足或错误，他肯定认为自己已远远地超过了其他孩子，这一切会让他变得骄傲自大、目中无人，我应该提醒他注意这些问题。我们常常当着他的面说，如果他的成长过程中没有正确恰当的教育，那他现在可能变成什么样子；如果别的孩子在刚出生的时候就被带到我们家，而且我们确实接受了这个孩子，并把他当作自己的孩子来培养的话，那这个孩子现在又会是什么样子。我们还告诉卡尔，如果一开始他就这么努力、专注的话，那他又会取得什么样的成绩。但是他只知道自我感觉良好，实际上他也经常在这个方面或那个方面犯错误。他的记忆和"行为手册"里都记得很清楚。

如果在谈话过程中，我刚好碰见了一个牧童，他本该在学校上学，这会儿却不得不在牧场上放牛，这样我就会刻意调整路线，走到那个孩子身边，带着深深的同情说："这个可怜的孩子！他本应该在学校里学东西，但他为了生活却不得不来这里放牛。因为他的父亲生了九个孩子，家里确实太穷了，如果他不来干活的话，家里肯定是养不起他的。你知道，我的儿子，这个男孩是多么聪明啊！要是生活条件好一点，能好好培养的话，有什么奇迹不会在他身上发生啊！"接着我就去和那个牧童谈话，并让他意识到没有上学使他失去了太多东西，他应该在冬天的时候经常去学校才好。

这种方法从来不会落空。卡尔的心灵真切地感受了遗憾和同情，以他的智力他也清楚地认识到，他现在所拥有的、所学到的，应该归功于他的父母。

如果没有这些防范性措施，他怎么可能躲得过那些阿谀奉承的侵蚀？我敢说，在成长过程中，没有哪个孩子得到的表扬恭维比卡尔还多。然而，谢天谢地，卡尔并没有受到腐蚀，这一点很多熟悉他的人都知道。

"他肯定很骄傲。"说这话的是哈雷一名叫赛弗的博士，当时他并没有见过卡尔。"肯定是这样的。"他再三说，"像他这样出类拔萃的孩子，不骄傲的话才是不正常的！"我反复地强调："不，他不是这样的。"他最后强调说："他肯定很骄傲，不然他就是个超人。"我只好保持沉默了，已经无话可说。过了一会儿，我对他说："你应该见见他。"

不久以后，我带着儿子去见他。赛弗博士一下子就喜欢上了卡尔，他慈爱地与卡尔交谈，最后对我说："不，他一点也不骄傲！只有上帝知道你是怎么教育他的！"我把卡尔打发了出去，才向赛弗博士解释了我上面提到的方法。他不停地点头，友好地表示赞同，最后说："是的，这个方法完全可行！现在我相信了，他一点也不骄傲，现在不会，将来也不会。他的理性力量会不断增长，他会成为人们所说的智者，而真正有理性的智者是不会骄傲的。"

对于这些达官贵人和名人雅士，给我提出的各种各样的问题，现在我已经都适应了。下面我只想说说在哥廷根发生的一件事情，因为这件事情最能说明我的焦虑、不安和在这

种情况下我的做法。

N地的一位H校长，正在哥廷根走访亲戚。他已经听说过卡尔很多事情，也从报纸上读到过这类消息。这次他从他在哥廷根的亲戚那里了解到了更多卡尔的情况，因为他这位亲戚和我们早已熟稔。因此，他想把我请过去，亲自对卡尔进行测试。

我们接受了邀请，也答应了他对卡尔进行测试的要求。H校长说他很高兴能检测一下我儿子对各门语言和科学的掌握程度，但他会主要测试数学，因为这是他自己最喜欢的科目。我答应了他所有的要求，只提出一个条件，就是如果他对孩子的知识水平感到很满意的话，不能当面表扬他，或者只能是轻描淡写地表扬他几句。

"你可能会爱上他，"我半开玩笑地说，"但是，你一定不能表扬他。你自己也是一个父亲，一位教育家。我的要求似乎显得没有必要，对此请你原谅。"

之前被刻意支开的卡尔，被叫进来了。H校长立刻喜欢上了卡尔，谈话很快就转入到了正规的测试上。

在说测试结果之前，我得先说说H校长对卡尔非常满意。他像父亲一样爱护卡尔，谨慎地避免对卡尔的过度褒奖。我冷静地看着他们，心里其实很放松。最后，他开始测试数学，向卡尔提出了几道几何题。卡尔轻松地回答出了这些问题，而且都给出不止一种解法。卡尔还能站在H校长的角度，接受他的证明方法，即使对H校长的方法完全不熟悉，他也给

出了令人满意的答案。

他几乎有好几次都忍不住要说出赞扬卡尔的话了。我看了他一眼，他也明白了我的意思，这才保持了沉默。

测试者和被测试者都如此地投入，他们把对方视为热爱科学的良友。不久后他们就完全沉浸在高等数学的领域中了，有些分支对 H 校长来说也是完全不熟悉的。

"哦，你对此的了解比我还要多！"他以一种愉快又惊讶的口吻脱口说出这句话。我吓了一跳，但我还是设法给出警示性的暗示："我的儿子去年下半年参加了数学的讲座。"我说，"他到现在还没有忘记。"

H 校长明白了我的意思，并控制住了自己。过了一会儿他对卡尔说："现在我出最后一道题，然后我们就可以结束了。这是大数学家欧拉思考了 3 天都没想出来的题目。我估计你一定没见过。"

我开始有些担忧，实际上卡尔应该能够解出来，但我不敢把这种想法流露出来。我和 H 校长不熟，他可能会把我的意思理解为一个父亲的骄傲。假如我打断了这个对话——我确实有这样的想法——他可能会认为我担心卡尔做不出来而感到难堪。H 校长继续讲这道题：

"一个农民，"他说，"有这样一块形状的田地。"

"当他临死的时候，把他的 3 个儿子叫到跟前，要他们平分这片田地，但是，每块田的形状要与整块田的形状相似。"

"你以前见过这个题目吗？或者说你以前读到过这个题目吗？"说完题目，H 校长再次问卡尔。

卡尔回答说："没有！"我也可以作证，我一直指导他的数学学习。

为了给卡尔以思考的时间，我和 H 校长到后面的屋子里谈话。H 校长宣称卡尔不可能解出这道题。"我给他出这道题，只是想告诉他，并不是所有的东西他都知道。"

他的话还没说完，卡尔就大叫道："我解出来了！"

"这是不可能的！"他带着一脸的困惑。

"你自己来看看！"卡尔一边说，一边把刚才的草图又画了一遍："这三块地的面积相等，和整块田的形状相似。"

"你以前一定知道这个题目！"他带着强烈不屑的语气大声叫道。

卡尔感到莫大的委屈，眼里噙着泪水，又强调了一遍："没有！"

我再也不能保持沉默了。我郑重地对他保证，卡尔以前从未听说过这个题目。他绝不会卑鄙地否认自己知道的东西，也绝不会厚颜无耻地把谎话说到底。

"那他简直比伟大的欧拉还要伟大！"H 校长回答道，仍然带着怀疑的眼神盯着卡尔。

我焦急地从我站的地方跑了过来："不可能！作为一位经验丰富的教育家，你肯定知道，"我拉着他的手笑着说，"就

是瞎猫碰到死耗子罢了。"

H校长理解我的意思，心神不宁地回答说："当然，就是这样的！"然后他很快就转向我，悄悄地说，"也只有你，才能培养出这样一位学识丰富却无比谦虚的孩子！"

最令H校长高兴的是，在我们谈话的时候，卡尔已经跑去与邻居聊起了完全不同的话题。

第十三章　卡尔的玩具和智力开发

"玩"是教育的第一选择

我认为，不能太早地陪孩子玩耍。只要我们方法得当，就几乎可以将所有的生活目标融入玩具里面，使玩具也能蕴含丰富的教育价值。

陪小孩玩应该是一件既轻松又愉快的事情，在玩耍的过程中能够唤醒、引导和增强孩子潜藏的力量。拿给孩子的东西应该从简单的、最易感知到美感的东西开始，因为太过精美的东西在孩子眼里没有多大意义。

举个例子，我们常常在卡尔的眼前晃动手指，一会儿动一根手指头，一会儿动几根手指头。他很快就会注意到，便要伸手去试图抓住它们，但刚开始的时候一般都抓不住。我们并不介意，反而把手放得更近，或者让卡尔靠我们更近。他终于抓住了我们的手指，并为这个小小的成功而高兴，还抓住一根手指放进嘴里吸吮起来。这时我们就缓慢地、清晰地、重复地读"手指"这个词，卡尔这个还没有理性的小家伙就能听清楚这个发音并可能理解这个词。几分钟以后，我们把

手指头从他嘴里抽出来，并再次把一根手指头放到卡尔面前，说"一根手指"，接着举起两根手指，同时说"两根手指"。

如果卡尔抓住了拇指，我们也像上述的那样，说"拇指"。但是一开始的时候，我们尽可能避免让他抓住拇指，免得把他幼小的脑袋弄糊涂了。等他已经真正认识手指了，我们再给他拇指，并同时发出"拇指"的读音。最后再慢慢地认识了食指、中指和小指。每次实验前我们都要做充分的准备，并且一定要大声地、清晰地、缓慢地、重复地发出每一个单词的音。

接下来，我们就不仅在他眼前晃动手指了，比如用手指把他的手或别的东西举起来，当然，这么做的时候我们也要大声地说出这个单词。

为了训练卡尔的听力，我们拿两个光滑的钥匙，放在卡尔的眼睛和耳朵前面，交替敲打撞击的同时，发出"钥匙"这个单词的音。如果他成功抓住了钥匙，就会放进嘴里，我们就进一步把这个游戏继续下去，把更多的钥匙放在他面前，并像前文所提到的那样反复地读"钥匙"这个词。

我们很容易发现，一个人只要细心琢磨，就可以很容易把任何一件东西变成一个玩具，而且我深信，如果能以这种方式来教育孩子，远比给孩子们买一大堆玩具，然后把这些玩具扔在那儿让他们自己玩，却不给予他们任何认真的指导要好得多。这些还没有理性意识的小家伙们，拿着玩具只会伤到自己，其他的什么也学不到。他们在不知不觉中消磨着时间，渐渐变得疲倦、易怒、固执，把玩具随意地丢到一边，

或是任意摔打搞破坏。总而言之，当他们发现有太多的玩具可玩的时候，就养成了搞破坏的习惯。

孩子们破坏玩具，通常是为了发泄不快，而这种不快往往是一个人玩玩具时的无聊、倦怠引起的。于是他就会把所有的不快发泄到所有他能摸得到的东西上，最后甚至发泄在周围的人和动物身上。每个人都能看到这种方式会带来多么令人伤心的后果。

如果要详细描述和阐释我的教育方法，那就显得太啰唆了。但一些提示还是很有必要的，我们需要做的就是给出几个例子供大家参考。

当卡尔的感知能力已经达到一定程度之后，我们就进入了拓展其理解能力的阶段。比如说，我们拿给他一根树枝并且说"一根树枝"，然后从树枝上摘下一片叶子，举到他眼前说"一片叶子"。我们交替着把树枝和叶子放在他眼前晃动几次，以便给这个小家伙足够的时间把注意力集中起来，并且每次都大声地、清晰地、缓慢地读"一根树枝、一片叶子"。我们从树枝上摘下更多的叶子，说"又一片叶子，再一片叶子"，接着我们把两片叶子放到他面前说："看，卡尔，两片叶子！"接着是"三片叶子"，以此类推。

我们会指着还有几片叶子的小树枝，用清晰的发音强调说"一片叶子，两片叶子"，故意把"两片叶子"读成了单数发音，然后很快进行自我纠正，"两片叶子"。最后，我们带着很惊讶的表情，对着树枝上还剩下的所有叶子说"哇，许多片叶子！"，这样就把"叶子"这个单词正确的复数形式读出来了。

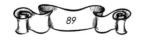

当树枝上再也没有叶子了，我们就拿着树枝在空气中抽动，并且说："一根树棍！"

"看，卡尔，现在它是一根树棍了，现在所有的叶子都没了。"然后再指着那堆叶子说，"叶子都被揪下来了，现在它已经不再是树枝了，这是一根树棍！"

过了一会儿，我们会说："我是从树上砍下这根树枝的。来，我让你看看我是怎么砍的。"我们抱着他，或者拉着他的手，带着他走到树的面前，我们尽可能从很矮的地方砍树枝，这样卡尔很容易观察到。然后，我们拿着树枝放回到砍下来的地方，再试着把树棍"装回"到砍下来的地方，并且缓慢地、清晰地说："你明白了吗？我们就是从这棵树的这个地方把它砍下来的。"我们还指着这棵树说，"它原来是这样长在这棵树上的。"

接下来我会问："要我再砍一根树枝吗？"

他肯定会回答："要！"

现在我要故意翻遍全身的口袋，好像要从身上找出一把刀似的。当然，这都是徒劳的。我会反复地说："糟了，我没带刀。没有刀我就没办法从树上砍下树枝来啊。"过了一会儿，我又说："等等，亲爱的，我去屋里拿一把刀。"

等我拿来刀以后，我就会指着树说："瞧，我现在有了刀，就能砍树枝了！"

我砍下一根树枝，故意举起来说："现在，树枝被我从树

上砍下来了！"过了一会儿，我再把树枝举到树上，说："瞧，卡尔，这里就是这根树枝原本长在树上的地方。"接着，我把这根树枝和先前砍下来的那段树枝放在一起，然后说："现在我们有两根树枝了。"

一开始，我们往往会说："现在，我们有一根树枝，好，再来一根。"这时要一直指着那根树枝说："好，现在我们有两根树枝了。"

后来，我们逐渐引导他注意大小不同的树。比如，我们会最先指着一棵矮小的树说："这是一棵小树。"然后指着一棵有着高大树干的树说："这棵树比较高。"最后指着一棵更高更大的老树说："这棵树非常高。"和卡尔说的时候，每一个单词都要发音正确、语调恰当，并辅以适当的表情和肢体动作。这样，我们以一种近乎游戏、娱乐和消遣的方式，教他认识哪些树会开出美丽的花朵、结出美味的果实，另外一些树既不会开花也不会结果。

如果恰好看见一棵橡树，我会说："那是一棵橡树。橡树也会结果，但是我们人不能吃，动物很喜欢吃橡树的果子。你应该自己去看看！"

如果能找到橡树果实，我们就捡起一些给卡尔，让他拿去喂我们养的猪。如果还没到橡子成熟的时候，我会先花点时间四处寻找，然后假装陷入沉思："哦，对了。我突然想起来，现在还不是收获橡子的时候呢。抬头看看树上，树上有许多橡树的果实！这会儿还非常小，再过几个星期就能长得

再大一些。可能还有一些会掉下来。到时候我们就可以捡些回家了。"

用同样的方式，我们向卡尔介绍了上千种事物，比如玫瑰花。

我们折下一根上面有几片叶子和几朵花蕾的玫瑰花枝，一些是半开的花蕾，另一些花已经盛开，放到卡尔面前，说："这是一根从玫瑰花丛中折下来的玫瑰花枝！"接着，我们举出一系列的词语：枝条，叶子，茎，刺（大的，小的，直的，弯的），花萼，花朵，花瓣，彩色的叶子，花朵的外部、内部，大、小，光滑的，小卷的，大波浪的，折起来的，白色的，粉色的，红色的；花药、花粉囊、花粉、花蕾（我们最后会把花蕾掰开看），半开的，等等。这其中我们还要提及气味，玫瑰花的气味能够立刻被嗅到，易与其他花草和植物进行对比。

值得注意的是，我们周围最普通的环境就能成为孩子游玩和教育的场所，这些已经能为五六岁之前的孩子提供丰富的精神食粮了。

我必须在这里说一下，无论哪个小孩要通过这种方式去学习听、看、感觉和品尝，一定要以一种正确的方式进行。他的听力、领悟力、感受力、观察力和欣赏能力都随之提升成为极大的智能，并使一个孩子以一种令人惊讶的方式变得高尚起来。

上述方法对于培养孩子的道德品质也是非常重要的。卡尔因为不能随心所欲而感到不满或者大哭，我们只需要对他

说："来，看看这个东西多奇怪啊！"给他看一些他不认识的新鲜事物，把他的注意力转移到这上面来。他就会忘掉刚才的坏心情，又变成一个快乐的好孩子。

我几乎从来不给卡尔买玩具，当然这个"玩具"是人们通常理解的"玩具"概念，我把这笔钱节省下来，因为所有的东西都可以变成孩子的玩具。

我家房子面前有一大片空地，就是孩子玩耍的最好地方。那里面用光洁的鹅卵石铺了两英尺厚，并用鲜花、茂盛的灌木和树装点于其中。这个场地时常保持干爽，即使下过雨之后也是这样。雨停后只需要一个小时，雨水就从鹅卵石之间的缝隙渗透下去了，这里又变得非常干爽，适合活动了。

场地不湿的时候，卡尔就在自然的环境中玩耍。起初，我们会把他的注意力引导到他周围的各种细节上去，然后经过他的仔细观察，并向我们一一展示。他这么做一方面是有指导我们的欲望，另一方面也是他想得到我们的一些指导。

当我忙着其他事情不能陪伴卡尔的时候，我的妻子就会陪伴在卡尔身旁。如果妻子需要做家务或者去花园的时候，卡尔就站着、坐着或者和母亲一起走着，共同讨论哪些是已经做完的事情，哪些是正在做的和接下来需要做的事情。

卡尔不仅可以自由地从正反两面表达他的观点。当然，态度要谦逊，我们还会督促他这样做。有时候我们故意犯点小错误或是忽略一些东西，如果他没有注意到我们的错误，我们就会善意地取笑他。

生活中每件小事都为我们提供了这种机会，比如切芦笋、采摘玫瑰花和水果等。如果我们因为某种原因不去做某件事情的时候，他还会提醒我们是不是忘记或者忽略了，我们就会善意地笑话他说："你这个小傻瓜，难道你不知道我们不这样做是有我们的理由吗？"

这样的讨论有效地防止他因为觉得比我们知道得多，而产生骄傲自满的情绪。

卡尔最早的游戏之一是玩沙子。当他2岁大的时候，我特意给他买了一张小桌子和椅子。我到现在还保留着这些东西，对我来说，它们显得如此珍贵。正是在这张桌子和椅子上，卡尔从一个玩沙子的小孩，逐渐成长并进入大学。

即使是普通的玩沙子游戏，我们也加入了许多想法。在教育第二个孩子的时候，我们很可能出于更好的意图做出更妥善的安排。而且我相信，我们所做的一切不会对孩子有坏处。当然，那些不怕麻烦的父母会比我们做得更好！

陪孩子玩耍这样的事情主要落在母亲们的身上，因为紧张的工作把父亲们整天拴在办公桌前不得动弹，因此我要求妻子把她的做法和事情的进展情况告诉我。

旅行游戏特别能引起有过旅行经历的孩子们的兴趣。我真心地希望，每个孩子都能够做旅行游戏。因为没有什么事情能比经常变化一个人的环境，带来更深刻持久的影响，尤其是一个人又回到曾居住过的地方，他的所见、所闻、所思、所感，以及所形成的判断和结论都将与以前大不相同。

通过玩乐式的游戏，尽可能频繁地、有目的地把孩子带回到对旅行的记忆中去，那效果会更好。通过这种方式可以使孩子记住数以百计的东西和发生过的事件，否则他可能很快就忘掉这些东西了。孩子们会对这些事情做出更精确的判断。

旅行的妙处

即使是很短暂的旅行也有非常惊人的用处，特别是经过精心安排、经常性的旅行。在这方面，有钱人的家庭比贫穷人的家庭情况要好得多。现在我们来说说卡尔的母亲在这方面的做法：

卡尔有许多可以当作玩具的小厨具。当他和我一起待在厨房里，看着我准备饭菜的时候，我把所有的事情都解释给他听，他对这项工作表现出极大的兴趣，并开始用他的玩具模仿起来。我帮助他、引导他，并利用这种游戏在其他方面给予他更好的指导。后来，我们给他买了大大小小的容器，按照我们储藏室的样子，让他拿来玩沙子。他把一个容器里的沙子称为"沙面粉"，其他的分别叫米、肉、盐、牛奶等。

在角色扮演的时候，他能选择是想扮演妈妈还是扮演厨师。如果他要扮演妈妈，他就可以点他想要的菜。接着我可以问他很多问题，如果他不能正确地回答出来，他就会失去扮演妈妈的权利，只能扮演厨师了。于是我就可以下命令了，教他这道菜要放什么，另一道菜要放什么。举个例子，他需要去花园里找一些做汤用的蔬菜。如果他找错了菜，或者我告

诉了他几遍他也记不住菜的名字，就像刚开始的时候经常发生的那样，他就被解雇了，当然我会给出几条解雇他的理由。

这样一来，他就不能马上再扮演厨师，还不得不乐呵呵地去给厨师帮忙。

我们经常一起做这样角色扮演的游戏，这样可以使他对生活中很多环境形成正确的观念。

举个例子来说，他扮妈妈，我扮孩子。然后他来指挥，而我时不时犯点错误或者根本就不执行。如果他没有注意到，他就失去了指挥的权利，事实上他很少看不出来的。相反，他会发出最真诚而善意的批评，我也保证会有所改进，并请求他的原谅。但过了一会儿，我又开始故意做他禁止做的事。如果他注意到，他表现出来的那种认真劲儿真让人忍俊不禁。他偶尔还会严肃地批评我："是的，我看出来了，你不会成为一个好孩子了！我以后不爱你了，我真是个可怜的母亲啊！"

有时候他来扮老师，我来扮学生。我会故意犯一些他所犯过的错误。他几乎每次都能注意到我的错误，认真地要求我纠正。通过这种方式，他对自己所犯的错误会有更深刻的认识，并学会以后如何避免再犯。同样，当他来扮演我的时候，我还是犯他平时犯过的错误，以促使他更好地纠正自己的问题。

如果他表现得相当好，他就可以扮父亲，我来扮他的妻子。他同我就各种各样的话题进行正式的讨论，甚至会讨论"我们的孩子"和孩子的教育问题，这是他通过观察后得出的令人惊叹的想法。我不时地告诉卡尔，我注意到在他身上看到的

种种不足。这时，扮演父亲的卡尔就会安慰我，通常用这样一句话做出总结："亲爱的，别担心！卡尔会越来越好的！"

我经常征求他的意见，如何才能纠正孩子这样或那样的毛病，他就会给我提出各种适合的方法。如果我回答他说我已经用过这些方法了，他会郑重其事地回答："好吧，如果这些办法再不奏效的话，那只好打他屁股，他就会老实了。"

有时候，我们会玩旅行游戏。他必须告诉我他想不想去旅行，旅途中想看到什么，想去拜访什么人。同时，他还要给旅行路线上的地方命名。我们冬天在屋子里，夏天在花园里，用一些具体的物品来代表这些地方。比如说，如果他要去马格德堡（Magdeburg），五斗橱就代表哈雷（Halle），桌子代表克林宁（Kiennern），椅子代表柏林堡（Bernburg），沙发代表马格德堡（Magdeburg），我就坐在不远处的椅子上，代表住在马格德堡附近的克里－奥斯特伯（Klein-Ottersleben）的格劳匹兹牧师（Pastor Glaubitz）。

首先，卡尔需要为旅行做好各种准备。比如，问问自己，是不是带上了所有的必需品。然后，他就从代表我们家乡洛豪（Lochau）的火炉边上出发了。根据在实际旅行中遇到的道路的干湿情况，他一会儿步行，一会儿骑上他的木马。

如果他有几个同伴一起做游戏，就像在真正的旅途中一样，他就用马车带着他们。

他要么走路，要么骑马，要么乘车，用在路上的时间是根据路程的远近，路况的好坏，路上要做的事情和娱乐活动来

确定。如果他到达得太早或者太晚，我很自然地要做一些评价，而他总试图反驳我。

在哈雷（Halle），他拜访了 W 教授，并进行了一次谈话。去克林宁（Kiennern）的路上，他会在一个小客栈稍做停留，进去要了一份三明治和一杯水，用几根萝卜付了账。之后他抵达了克林宁，并拜访了 H 一家，并在这家住了一夜。

第二天的晚餐，是在柏林堡（Bernburg）吃的，在这里他又拜访了好几户人家。他偶尔得到一个去马德格堡旅行的机会，最终抵达了克里 – 奥斯特伯。他会把和朋友格劳匹兹在旅行中每一件有意思的事情都告诉我。这种旅行可以拓展到四面八方。

如果他没有什么事情值得跟我说的，我就会微笑着对他说："把彼得送到世界各地去瞎逛有什么意义呢？他什么都记不得了！"

下一步，我来扮演旅行者。我给他讲了很多我们共同去过的一些城镇上所发生的有趣的事情。这样，我们想尽各种办法，变着法地做这个游戏。

有时，我们一起坐在桌子旁边，我拿着石板，卡尔可以告诉我他想让我们画什么。"一个人！"这是他的第一个要求。

"下一个呢？"

"一栋房子！"

然后是一只猫、一棵树、一条狗、一个小孩和一张桌子。

当按照他的意愿把这些东西都画上去了之后，他想知道这个人、小孩和这条狗的名字是什么，他们在那里干吗。于是我给他编了一个故事：

"我的孩子，这个人的名字叫彼得·舒茨，这栋房子是他刚建好的。他以前是个穷人，但是他努力工作、勤俭节约，这样攒下了不少钱，娶了一个勤劳善良的好姑娘，生了一个小孩，小孩名叫奥古斯特。现在妈妈正在厨房里，晚餐已经准备妥当。你看见烟囱冒出来的炊烟了吗？刚才，她叫刚做完工作的丈夫，晚饭已经做好了，去把还在树下玩耍的奥古斯特叫回来。他还会把狗和猫都叫回来喂食。这个好爸爸确实这么做了，他对奥古斯特的妈妈说，既然天气这么好，为什么不把晚饭端到花园里来吃呢，紧接着他就把桌子搬出来了。"

按照规则，卡尔要在餐桌上把这个故事给爸爸再讲一遍。就像往常一样，卡尔总是对这个或那个存在疑虑，尤其是故事里蕴含的道德和精神活动，对孩子们来说更加难以理解，我们可能和他的意见达成一致，也很可能并不赞同。

其实，即使是穷人也可以用这个方法教育孩子，还可以对这个方法做出更改，以便孩子们更加快乐并得到启发。

对孩子来说最有益的玩具就是积木。只要有父母恰当的引导，一套积木就够孩子乐此不疲地玩上好几年了，并从中学到很多东西。积木有很多种类，有的可以模仿盖木头房子，有的可以模仿盖石头房子。如果想搭建房屋、仓库和马厩等，积木是非常有用的，可以变幻出多种搭建方法。尤其是在农村，可以看到各种木房子的结构，孩子们很容易就能模仿出来。通

常情况下，一盒积木能够搭建一所房子，每一个零部件上都详细地标示出来了，因此，一个受过正确教育、肯动脑子对积木探索和改进的孩子，会很快厌倦这种游戏。但不能否认，在帮助孩子形成木房屋结构和各个组成部门的客观概念方面，积木是非常有用的。

如果能买几盒积木更好，在征得孩子的同意的前提下，擦去积木上标明位置的数字和符号，这样，积木的实用性将大大提高。父母也可以买一些玩具如风车、水车，或生活中常见的、重要的事物的模型，像水闸、盐场、蒸汽机等。但是，这些东西必须能够拆卸自如，各个零件能重新组装起来。同样，零件上的指示性数字也应该尽早擦除。

如果零件组装错误，有一些东西可能会被弄坏，开始的时候父母应该帮助孩子去修理，以后就要靠孩子自己逐渐独立动手组装和修理东西了。

最好能给孩子买一盒木制的石头建筑积木。我买的积木有底边 1 英寸、2 英寸、3 英寸、4 英寸直到 12 英寸不等的，还有的是 1/4 英寸、1/6 英寸、1/8 英寸乃至 1/12 英寸长的，可以用来做仿古房屋的屋顶。另外，我们还有一些拱形和斜切的积木，可以用来建一座"石头桥"，也不缺做栏杆的"石头"积木。

卡尔用积木搭建了很多东西，一开始还需要我和他妈妈的帮助，慢慢地就全靠他自己了。他搭建了大大小小的房子、宫殿（特别是他见过的）、外屋、谷仓、马厩、桥、教堂、塔、篱笆、凉亭，等等。每个建筑里都有人、牲畜和器物；谷仓里有玉米或稻草；阁楼里有干草；木工房里有木头；地下室和食

品储藏室里是其他东西。

干草和稻草到处都可以找到；花园里有很多物料可用，他妈妈取些给他，或者他自己用沙子、泥土、鹅卵石之类的东西来代替。里面的人和动物是用萝卜切片做成的，还装上了木腿。器具通常是用纸做的。

卡尔顺理成章地成为了这所"房子"的主人，他有妻子、孩子和仆人；还有马、牛、羊、猪、鸡、鹅、鸭等，都是他自己来照顾的。他精心观察每一件东西，并记下还需要什么。

人们很容易认识到这为儿童和家长们开辟了一个多么宽广的空间——我是说无法估量的、丰富多彩的空间。一个教育得当的孩子可能每天都要花几个小时来盖房子，同时他一直在不停地思考，尝试发现新东西、采用新方法。

就这样，卡尔发现了建筑的艺术，掌握了如何利用缝隙，使石头的使用量增加一倍或两倍，他开心极了，盖房子的技术也日渐提高。我们也自然要对他的小发明表示相应的认可。

尽管卡尔拥有的玩具实在是屈指可数，尽管这个国家的冬天实在是漫长，但卡尔从来没有感到厌倦，更没有对他的玩具失去兴趣。相反，他一直都玩得很开心。

大多数孩子都拥有各种各样的玩具，但是面对玩具，孩子们都觉得平淡无奇、无动于衷。到最后，他们连看都不看一眼，因为他们都被宠坏了，总是嚷要要更贵、更新的东西，仅仅是因为他们看到别的小孩子玩过而已。孩子们并不在乎这些东西的合理用途、实际作用和会给人带来的欢乐。他们对

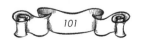

自己所拥有的东西毫不在乎，只是一味贪图自己没有的东西，这对他们未来的生活只会贻害无穷。他们要的圣诞礼物越来越贵，但实际上这些礼物对他们米说却是既无用处义没有趣味，但这些有广泛用处的东西却能给卡尔带来莫大的欢乐。

只要天气允许，卡尔就会在上述的环境里，到户外活动。在冬天，尤其是冰冻期，他在户外做游戏、散步、跑步、蹦蹦跳跳，做各种搞怪的动作，骑在一根小棍儿上，拉着他的小车或者雪橇。

当天气更宜人一些，土地不那么泥泞了，花园就成了卡尔的驻地。他连续几个小时待在里面，除杂草，找芦笋，拿几种树叶和花蕾做比较；看看植物和花草是否长出来了，开花了没有，并向我们报告；观察各种各样的昆虫，爬行的，跑着的，跳跃的，飞行的，然后再来告诉我们。他头脑里没有"害怕"的概念。当他还是躺在我们臂弯里的小婴儿时，我们就把这一切当作很有意思的东西指给他看，给他讲这些东西的故事，他已经对这些东西很习惯了。我们会说"男孩子不能怕！"和类似的话来完成这种教育。

如果卡尔发现了一些他认为被我们忽略了的东西，他就会大声嚷着指给我们看，不断追问，急切地想知道这是做什么用的。他对鸟类有特别的兴趣。在他看来，鸟巢像人类的住宅一样神圣，幼鸟就像小孩子一样。他赞叹鸟巢的建筑技巧和精细结构，观察到大鸟孵卵、精心哺育幼鸟，小鸟的成长变化，开始是在父母的陪伴下试飞，最终勇敢地、自由地冲上蓝天飞向广阔的世界，卡尔对这一切充满好奇，不知疲倦。

　　如果没有庭院、花园、草坪和森林，我们怎能把卡尔培养成为一个虔诚的人？不是我们，是上帝使万物在阳光、微风、细雨、晨露、薄雾中欣欣向荣，使卡尔看着万物葱茏、开花的同时，心里都想着上帝——万物的创造者、天父、保护者、供给者。

　　因此，我们也有意把"万物在生长、开花、结果"这句话改为"上帝使万物生长、开花、结果"。我们也表达出对天气的关注，毕竟天气的好坏决定着收成的好坏。

　　如果卡尔在花园里，或者户外的其他地方，他都会感觉到自己生活的世界就是一个看得到的天国，在这里万能的、智慧的、仁慈的上帝统治着一切，每天都创造着新的奇迹。在天父的眼皮底下，他又怎么能去想、去说和去做任何错误的事情呢！

　　"这是一个未曾被误导的孩子，"我完全自信，"这样的孩子总是受到上帝的钟爱和垂青，他会变得顺从、有礼貌、和善、懂得感恩，变得更加勤劳。"

第十四章　小孩必须和其他孩子
多在一起玩耍吗

没有"玩伴"的童年是不完整的

我一再被告知，卡尔应该有一个玩伴，否则他就享受不到童年的种种乐趣，会变得厌倦、缺乏幽默，甚至顽固偏执。于是我终于妥协了，在妻子的帮助下，我们一个又一个地为卡尔物色玩伴，后来挑选了两个比他稍大一点的女孩。这两个女孩是整个社区里公认的行为举止最得体的女孩子。卡尔和她们一起唱歌、跳舞、游戏，自然也非常开心。

但在这之前，卡尔从来不耍性子，也不会撒谎，但现在他两样都学会了。由于这两个小女孩从我们这里得到点小好处，所以对卡尔听之任之，从不发出反对的声音。渐渐地，卡尔发现他即使污言秽语，这两个小女孩也无动于衷，便开始变得专横不讲理，有点盛气凌人的样子。

我们对两个女孩说，如果她们不再迁就卡尔，并把他的霸道行为和其他不好的行为告诉我们，我们会很高兴的。但是受她们的年龄、社会地位、所受到的教育的局限，她们对

此充耳不闻，我们只好让卡尔离开她们。

认为孩子如果没有玩伴就会不开心的想法，真是愚蠢至极。

对孩子来说，想和同龄人在一起是非常自然的，这样他们就不必太过拘束，不必因为自己的想法、爱好、言谈举止而处处小心，也不必时时刻刻处于大人的监督之下。然而，大人只要以一个孩子的身份与他们相处，和他们说说笑话，让孩子们时时感到自己占了上风，比大人还聪明，允许他们更有尊严，等等，他们就会感觉到其实和大人一起玩耍也挺快乐的，还会学着尽可能不调皮捣蛋，也不会轻易沾染坏习气。

再也没有比让没教养的同龄人成为孩子的玩伴更糟糕的事情了，特别是在没有任何监管的情况下。我不断发现上述在卡尔身上出现的问题，在别的家庭也可能遇到，甚至是更严重。家教好的孩子不太容易把自己的优点传给家教不好的孩子，好孩子反倒容易被传染上不良习气。因为获得美德所需要的努力和自我控制是与人的天性倾向相反的，至少在一开始的时候是这样。而坏习气更容易养成，因为我们的感官自然地倾向于这些坏毛病，小伙伴中不好的榜样更是起到怂恿、示范的作用。

让孩子们都待在一个公共机构或者公立学校，是最危险的事情。不到万不得已，每一个谨慎的父亲都不会把孩子送到低级的学校去，这里比起高级的学校，家教不好的孩子简直可以说比比皆是。

只要我们的学校并没有进行道德教育，只要学生们不是从

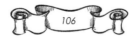

头到尾（尤其是放假的时候，以及上学前、放学后）都处于老师的监管之下，如果一大堆教师传授了大量的信息也达不到孩子父亲的要求，一个有经验的父亲就不该让孩子待在学校里。

一个教师应该就带几个孩子，比如说两三个孩子。在教师的掌控下，教导、督促才会有效果。假如因为经费的原因，要教 15~20 个孩子，就应该有充足的师资，保证一个教师管两三个孩子。

如果上述的预防措施都没有采纳，世界各个角落的不正之风都将大肆蔓延，将现在本来就日益稀有的美德吞噬殆尽。

不要过分限制孩子交友

只要一个孩子不是成天与玩伴们混在一起，就断定他一定是不善交际、不合群的，这种想法实在是愚蠢至极。我不止一次地发现事实恰恰相反。

卡尔和其他孩子一样，容易受到外界的不良影响，要让他们屈从于外界也很容易。其他的孩子用各种方法戏弄伙伴，慢慢习惯了自以为是的毛病，并从这些事情中滋生出狡猾、虚伪、撒谎、争吵、固执、怨恨、嫉妒、傲慢、诽谤、争斗、中伤等种种恶习。只要孩子和父母或者其他明智的人在一起，就不会沾染上这些恶习。

当然，我们不能随便剥夺孩子们在一起的机会，但是只能偶尔给孩子一次这样的机会，而且应该在成人的监督之下玩耍。这种偶尔为之的，有一定监督的聚会，不会产生什么

害处。在长途和短途旅行的过程中，卡尔曾有很多和小朋友一起相处的机会。

卡尔和小朋友相处得很好，他们都很喜欢卡尔，分别的时候常常眼含泪水、依依不舍。卡尔已经习惯了保持心平气和、遇事明智的生活，即使是与其他孩子一起做游戏的时候他也保持着这些美德。对卡尔来说，没有事情值得争吵一番。相反，他经常通过消除误会来竭力避免争吵，或者通过祈祷和讲道理来结束争吵。

他从来不和家里人争吵，对他来说，这样的行为是非常不得体的。他认为一吵架就不能再和小朋友一起做游戏了，他也不喜欢小朋友之间的小打小闹。因此他不太容易生气，当看到别的小朋友吵架或者打架的时候也不会太过激动。到现在为止，即使是最调皮的男孩也无法激怒卡尔，让他为之发狠誓或者跟人打一架。

因此几乎所有的孩子，只要是和卡尔密切接触过的，都会喜欢上卡尔。人们公认卡尔平易近人、易于相处。据我所知，我还不知道他与任何一个小朋友吵过架，也没有和任何一个人闹掰过，这在他成年以后也是如此。即使上学以后在学习科目上遇到很多问题，或者班里组织生动的讨论，连我都认为可能引发争吵，因为他的对手往往都比他大得多，但事实上我从来没有发现他和别人争吵过。

卡尔通常和比他优秀的人站在一边，这些优秀者也非常理解他，这种相互之间亲密的尊重和爱护的关系，常常使我感动得流泪。

我要深深地感谢那些可敬的年轻人，这么长时间以来对卡尔的体贴照顾和爱护。他们也相信我和卡尔发自内心地尊重他们。

因此，人们应该放弃这种不利偏见，不是孩子只有和小朋友一起玩耍的时候才是开心的。有人也可能说，应该让孩子尽可能多地与仆人待在一起，小孩子同样喜欢有仆人的陪伴。可是，除非在万不得已的情况下，哪个父母会不负责任地把孩子丢给仆人照顾呢？

第十五章　卡尔的饮食

孩子健康的一生，从饮食开始

在我妻子怀孕期间，她日常的生活方式几乎没有受到影响。她尽可能不吃那些不易消化的食物，即使吃也只吃一点点。在整个哺乳期间，她也坚持了这一做法。

人们都知道，我们不会雇奶妈，如果卡尔的母亲能提供足够的营养，那么卡尔唯一的食物就是母乳。人们很担心，卡尔的母亲并不是那种高大又强壮的女人，她能为卡尔提供充足的乳汁吗？

人们争先向我们灌输各种建议。如果我不够理智、不够坚定听从了他们的意见，只会让我的妻子疾病缠身，或者让卡尔虚弱不堪，甚至夭折。

这些建议者都知道我妻子是这么一个人：一日三餐只吃些我们生活中最常见的普通食物，其他什么也不吃；尽管她有条件可以经常喝那些昂贵的饮料，但她除了白开水什么也不喝；同我在花园里散完步以后，她的早餐仅仅是面包、黄油和一杯水；她从来不在下午喝茶或者咖啡什么的，偶尔在晚

上吃一些非常简单的东西。她从小到大养成了这种习惯，并且乐在其中。设想一下，这样一个人突然收到这样的建议——"早上先在床上喝两杯加了上等奶油的浓咖啡，再来一个椒盐卷饼之类的食物，十点钟喝一大杯或两小杯浓巧克力，再吃一个用黄油烘烤过的面包卷"该有怎样的反应。

如果正餐之前她还有胃口，或者离正餐还有挺长一段时间，她可以"来一两碗上好的肉汤"。正餐的时候"她需要浓醇的精肉汤，吃上等的蔬菜、烤鸡肉、烤鸭肉或者烤鹿肉，既有营养又相当新鲜，再喝上几杯经过质量鉴定的陈年法国酒或者质量上等的红葡萄酒"。这一整天里，她应该"喝些浓烈的啤酒，最好是放了糖的莫斯堡啤酒"。正餐之后，"几杯加奶油的精制咖啡，五六点钟再喝些茶，吃些椒盐卷饼，或者是上好的肉汤。晚上喝蔬菜汤、吃点烤肉，配着上好的红酒。这之后再喝些啤酒。她必须放下所有的家务，不能跑来跑去的，但可以时不时地去花园里散步"。

就算出现奇迹，我妻子按照这种生活方式还能保持健康，我的卡尔也会变成一个又矮又胖的不倒翁，每天晚上吵得他母亲无法入睡，长牙也非常痛苦，由于身体受到饮食的伤害还会遭受各类儿童疾病的痛苦。但是，受上帝庇佑，好在这样的事情没有发生，也是我参加的健康讲座，以及后来的细心观察和经验起了作用吧。

我那个毫无经验的妻子可能稍稍动摇，想接受上述生活方式的建议时，我向她阐述我的合理观点，让她做出自己的判断，她最终相信了我，拒绝了别人给出的所有建议，坚持

她原来的生活方式，像以前一样料理家务，并坚持适量的慢跑。这真让我打心眼里对她十分尊重，因为她可能说出这样让我难堪的话："每个人都这么说，你难道认为比别人懂得多吗？"人之常情，她偶尔也闪过这样的念头，这从未逃过我的眼睛。不过她很少表达出来，四年来一起生活的经验，使她有足够的理由相信我坚持顺从人性的简单生活方式。

她生活方式的唯一变化，就是早晚各喝一些稀燕麦粥，正餐的时候比平时多喝一些汤。结果她的乳汁一直十分充足，她对乳热病的了解也仅限于从别人那里听来的。另外，她总能为卡尔提供充足的营养，卡尔也不需要额外的食物。这个纯净的、未受污染的器官，需要的东西这么少，却能表现得这么好！至于产褥热这类的疾病，她也从来不用担心。

但如果我妻子真听从了别人的建议，要患上这些疾病会是多么容易，我的孩子因此夭折的可能性会有多大。看看下面这个例子是如何证明的：

在一个洗礼仪式上，我的妻子像往常一样开心，胃口也很好，她发现了一道特别好吃的荤菜，就多吃了一些。第二天她的身体没什么问题，但她的乳汁发生了变化，卡尔不太爱吃了，还发起了低烧。我们并没有给卡尔吃药，他母亲尽可能少吃荤，多吃清淡的食物，多散步。很快卡尔就痊愈了，第二天就像一条水里的小鱼那样活蹦乱跳了。

如果我们没有观察他的病情，判断发病原因，就给他吃药，而我妻子还继续吃油腻不易消化的食物，会发生什么情况呢？

好父母全书
全能教育

但给我们建议的那些人并没有考虑这些事情，或者说，并不愿意考虑这些，但他们却固执地相信他们的建议是绝对正确的，坚持说如果我们对他们还有丝毫的尊重就应该遵从。这些目光短浅的人混淆了"建议"和"命令"的概念，令人疾首痛心的是，我经常看到很多专业学者也出现这样的混淆。

我永远也不能理解当面一套背后一套的为人处世之道，一开始我试图说服这些建议者，接受一种不同于他们所提倡的，却可能更好的生活方式。但是我的这种努力失败了。像过去一样，诽谤和污蔑很快从迪斯考传播到包括哈雷在内的很多地方，说我目中无人、爱和人争吵、高傲自大、小气吝啬，对妻子刻薄，还自以为比别人懂得多。他们甚至公开断言，我的妻子将越变越虚弱，儿子将会夭折。然而什么事情也没有发生，当这一切都证明我是正确的时候，他们便恼羞成怒，开始在其他事情上指责我。

从那时起，哈雷流传着很多关于我的说法，他们都说是我太幸运了才没有发生他们所预测的那些事。那些"批评家"从来不承认我这些成功是我成熟丰富的人生经历，以及钢铁般的意志所铸成的结果。

卡尔出生后的九个月内，一直依靠纯母乳喂养，没有添加其他任何食物。唯有一次，由于我们身上人类常有的弱点，我们听从了别人的建议，试着小心地喂卡尔吃了一些其他东西，结果他们母子两人马上就出现了不良反应，于是我们又恢复了我们的饮食习惯。

到了卡尔要断奶的时候，我们不时把吐司压成粉末，加水

搅拌，再加上一点点黄油来喂他。我们渐渐地增加喂他这种食物的频率，同时我妻子也渐渐减少喂奶的次数。过一段时间，他似乎就忘了向妈妈要奶吃，他母亲也在不知不觉间断了奶。

从现在开始，这种吐司粉末做成的汤和燕麦粥常常交替使用，成为卡尔的主食，有时候我妻子也用鲜牛奶煮燕麦片。又过了一段时间，我们喂他喝点稀肉汤，如果肉汤看起来太浓了就兑些水稀释一下。渐渐地，卡尔开始对一些易消化的蔬菜有点适应了，到后来我们能吃的东西他都自然能吃了，但我们还是坚持不给他吃过多的肉食。在这个自然的过程中，一颗接一颗的牙齿不知不觉间长出来了，卡尔并没有怎么受长牙的痛苦。

我们是这样准备来帮助妻子回奶的：从准备给卡尔断奶开始，她就吃得相当少，尽可能地少吃肉，少吃那些富有营养的食物，一开始她感觉非常饿，就喝很多的水。用这个办法，奶水越来越稀、越来越少。当卡尔彻底断奶没几天，妻子的乳汁就完全停止了，几乎没感觉到什么痛苦。

在断奶后的头两年，卡尔早上喝些汤，后来就和我们吃的一样——面包、黄油和新鲜的水。直到他4岁左右，我们在上午10-11点间再给他一片抹了黄油的面包。

尽管我们十分注意卡尔的饮食，但他有时候会背着我们得到其他的食物，尤其是那些农村妇女，她们只知道用这种方式来表达对孩子的爱。有一次卡尔生了一场大病，就是因为有人给了他一根血肠，要知道那个时候卡尔还在吃奶呢。我们

还是从带卡尔去那里的仆人口中才得知他生病的原因。

到卡尔3岁的时候，他的食物就和我们一模一样了。简单的早餐之后，卡尔就要去户外玩耍，这样到正餐的时候他就胃口大开了。卡尔从小就被教导不要挑食。在这件事情上，就像在对他的整个教育中，我们把认真和理智的态度融入了对他的爱里，每天都为他精心地准备新鲜的饭菜。如果遇到卡尔不喜欢吃的食物，我们也会做些让步，不会强迫他非要多吃某种食物。同时我们也通过编故事举例子说明偏食造成的不良后果，引导他的注意：如果他不喜欢吃这种食物，他就尝不到这种食物所带来的乐趣，而我们以及其他所有人都喜欢吃这种食物。我们对他说："每次享用这种食物时，我们的内心都充满了愉悦。但你却这么讨厌它！来吧，对这种食物习惯了，你就会和我们一样感到愉悦了！"作为他的父母，我们从不挑食，为他做出了很好的榜样，用我们的例子来引导他的注意。事实上，在很短的时间后，卡尔就不再挑食了。

下午4点左右，我们会给他一些抹了黄油的面包，再加一小壶水。从我们讲的故事里，他已经明白了约束内心需要的意义，就经常不加黄油只吃面包了。晚上我们会给他一些汤喝，这已经成了晚餐前的惯例，因为这会有助于卡尔早点入睡。

我想不起来卡尔在家里时因为消化不良生过什么病。即使他在别人家时，这种事情也绝少发生。主人们会出于所谓的"爱"给卡尔过多的食物。但是只要他觉得已经吃饱了，就会拒绝这种爱的表示，即使最吸引人的美味摆在他面前，他也会说"我想我真的吃饱了，谢谢您"。这种表现往往使主人

们感到惊讶，甚至生气。

我敢断言，这种对卡尔愚蠢的爱，已经发展成对我的怨恨，只是因为他们看不到，也无法承认，卡尔的拒绝是发自内心的。

"这是违背天性的，"他们会这样说，"对一个小孩子来说，怎么可能不喜欢美味！一定是你用严厉的手段禁止他吃，或者你一定暗示过他，这个可怜的孩子不得不听从你的命令！"

这就是他们当着我和卡尔的面说出来的话。在他们心里，我就是一个不折不扣的野蛮人。

这些可爱的人们总是很自然地从他们的立场出发，来谈什么"天性"，甚至没有意识到把完全诉诸感官的孩子培养成为一个高贵的人是教育者的职责，通过理性和习惯引发出人类身上最美好的东西，并加以强化使之成为灵魂的支柱。他们也不知道，在开始抚养一个孩子的时候，我们就对他加以适当的教育，把孩子培养成一个高贵的人，也并非一件难事。

吃得健康，孩子更快乐

通过我们用各种方式对卡尔进行引导，他已经懂得健康的身体和愉快的精神是两笔最无法估量的财富。我们绝不会放过任何一个机会，来表达对健康身体和愉快精神的赞美，和倘若失去它们有多么遗憾。"吃太多的人，"我们经常跟他说，"精神就会越来越萎靡，身体感觉会不舒服，甚至会生病。"如果他在某个地方吃得太多，他就会因消化不良难受，不像平时那么开心，我们也会为他感到难过。我们还会以生

动的例子告诉他如果吃得太多不得不遇到很多麻烦，提醒他注意可能的，甚至是更糟糕的结果；提醒他，如果吃得太多，在大好的天气里也不能出去玩，不能学习，也不能帮我们干些家务了；他会注意到，我们也因为他的缘故不能出去散步，这将会错过一些美好的事物，还要为他担心。

一个稍稍明白事理的孩子听到这些话都会感到难过，一定会情不自禁地为自己的轻率行为感到后悔，然后下定决心以后更加小心注意。像"是他们让我吃的"之类的借口，我们绝不会接受，卡尔也从来不说。

"你要明白，亲爱的孩子，比你的需要吃得多，只会对你造成伤害。你为什么不听呢？难道他们会代替你受这些痛苦？去问问他们！但你不能那样做，他们不可能，也不会代你受这些苦！所以以后要多加小心，遇到这种情况，就要想想我们跟你说的这些话。难道他们比我们更了解你吗？难道他们会爱你更多一些吗？亲爱的孩子，这是不可能的。我们是你的父母，你无法想象我们每天有多么爱你、多么在乎你。所以，我的孩子，你在别人家吃的东西不花我们一分钱，那为什么我们如此认真地希望你克制自己的食欲呢？因为那样只会伤害你！"

卡尔会被我们的话深深打动，他给我们一个拥抱，郑重地答应我们，以后一定会更加严格地要求自己。

按照惯例，我们还会讲一两个故事，这对达成我们的教育目的可以说是屡试不爽。我们还从现实生活中引用一些例子，生活中这样的例子太多了。有些家庭孩子饮食过度是很

常见的现象，因为那些父母只知道贪图口腹之欲，殊不知还有更高级的享受。我们喜欢举一些他熟悉的、有文化的家庭发生的例子，尤其是他认识的小伙伴或者他熟悉的朋友。

离我们家不远处住着一位牧师，我们暂且以"F"来称呼他的儿子吧。我第一次去他家看见这孩子的时候，他才 1 岁。这孩子实在可爱，我在回家的路上对妻子说："这孩子如好好教育定能成才！"

没过多久，大人们就称呼这孩子为"金童""爸爸的宝贝儿""妈妈的宝贝儿"，不久我就确信这个孩子不会被培养成才了。他被喂成了一个大胖子。而他的母亲却常常在我们面前炫耀，为这个"小肉球"沾沾自喜。我真为这个孩子感到焦虑，忍不住向他母亲说明吃得太好的孩子面临着种种危险。

她却带着一副了然于胸的样子对我笑笑。孩子的父亲则扬扬自得地指着其他九个孩子，说他们都是这样养大的。我只能保持沉默。

我的担忧终于变成了现实。这孩子时不时地受吃太多的苦，长得越来越不好看，还要遭受剧烈牙痛的折磨，他得过各种各样的儿童疾病，经常有濒临死亡的危险。还好，他的父母身体非常健康，使得他尽管饱受痛苦却还是活了下来。

这个孩子八九岁的时候，我每次看到他都忍不住很难过——他个子矮小，臃肿不堪，还长着一颗非常大的脑袋，脸上布满了天花痘印，五官也不端正，眼光黯淡，言语迟钝。

人们总是把人性尊严踩在脚底下，这实在太令人痛心了。

这个小家伙根本没有时间进行理性的思考——他所有的时间都忙着消化了。因此他的智力状况着实令人担忧，但他自己对此还一无所知。在他就读的乡村学校，他总是落后于其他农民的孩子，只是因为他是牧师的儿子受到孩子们的尊重，他还自我感觉良好。

我完全相信每个节日他都忙着暴饮暴食，有一次刚过圣诞节，我在路上碰上了他的一个哥哥，我问道：

"家里人情况怎么样？都还好吧？"

"是的，很好，谢谢您。"

"听说 F 生病了，是吗？"

"他是生病了，可是您是怎么知道的呢？"

"哦，是因为圣诞节刚过去啊！"

那些富有同情心的人能从我的语言中体会到我有多么难过。但是我并不是妄自揣测，因为他哥哥小时候也吃得非常多。

我立即带上卡尔去探望 F。当时，F 正经受着剧烈的腹痛和头痛，甚至有点神志不清了。

当着卡尔的面，我以一问一答的方式，按照我的设想，与他的家人聊了起来。我始终主导着谈话，卡尔也从中受益匪浅。我对这种鲁莽的行为发自内心地表示同情和遗憾，祝愿他能早日恢复健康，随后我们就回家了。

走出他们家门，卡尔就和我讨论他所见到和听到的一切，并对所有这些事做出了恰当的评论。他郑重地请求我一定要好

好监督他不要过度饮食，并保证绝对遵从我的指导。

通过这样的方式，无论去谁家做客，我们只需要稍微提示他一下就行了，用不了多久我们就完全不用担心了。

如果不是用这样的方式来抚养卡尔，那么我该怎么做呢？在卡尔四五岁的时候，他就经常去马格德堡、莱比锡、德累斯顿、柏林、罗斯托克等地方，尤其是一些小城市和乡村，坐在摆满了食物的桌子前面，通常他的位置都离我很远，这是因为总有人邀请他坐在旁边相陪。当他七八岁的时候，已经很出名了，我们常常被邀请到摆满了丰盛美食的场合，如果不是他能控制好自己，早就被毁掉了。在这种场合，人们为了一睹卡尔的风采，总是让他与我分开坐得很远，他们也不止一次地向我承认曾试图诱惑他多吃点东西，但最后这些努力都白费了。

一开始这样的事情还会引起我的担心，到后来我只需要冷静地保持微笑就行了，自卡尔 5 岁以来，他在家吃饭就完全根据自己的需要，我们并不用加以限制，而他从来也没有吃过量。

至于糖和甜食，我们一开始就教育卡尔要少吃或者最好完全不碰。糖和甜食使孩子们上瘾，还败坏孩子的胃口，使孩子再吃简单的食物就不感兴趣了。这还不是最糟糕的，更严重的是，吃糖上瘾的孩子还想办法自己去买糖。最要命的是，如果买的糖果也满足不了食欲，他们就对父母和周围环境产生不满，甚至发展到去偷甜食或者偷钱。

另外，我相信经常吃糖对胃不好，为寄生虫提供温床，引起一些难言的不适，甚至引发痉挛。如果小孩咀嚼和吞食大量的糖果，会对幼小的牙齿造成伤害，直接损伤牙齿的珐琅质、牙床和牙神经。即使不考虑糖对牙齿造成的伤害，光是被糖损伤后的胃排出的气体就足以腐蚀孩子了。我经常发现并观察到如果不吃糖的话，会对小孩子产生更有益的结果。

我也注意到孩子们常常在吃完饭，饥饿感已经得到满足以后，才分到糖果，这一点就足以对胃造成伤害，因为糖果刺激孩子们吃得更多。

在任何情况下，我发现有些俗话确实有道理："糖果让孩子们长黑牙"，还有"糖果让孩子们的牙齿掉光光"。

所以我从来不让卡尔养成吃太多糖和甜食的毛病，即便是有人硬塞给他，他也不吃。

哈雷有户人家，他们总喜欢时不时地给孩子们一包糖果吃。我请求他们不要给卡尔吃，但似乎并没有奏效。我阐明我的理由，他们却当成笑谈。我曾考虑过断绝与这家人的交往，至少也尽可能让卡尔以后少去他家，但后来我发现完全没有必要这样做。卡尔非常理解我们，他把糖果分给我们和在场的其他人，还有他们给卡尔的一颗大糖果，他直接喂给了非常喜欢的一条狗。令人惊讶的是，卡尔从不把糖果给任何一个小孩，好像他明白给人吃糖果有害似的。

与这户人家的交往过程中还闹了很多别扭，尽管他们对我挺友好的。每当卡尔拿着他们给的糖果分给别人或者喂狗时，

他们都会指责卡尔，还要求我命令卡尔把给他的礼物收下。一开始的时候总会在这种社交场合引起一些不愉快，渐渐地这家主人也习惯了。当卡尔3岁以后仍坚持不吃糖果，人们也就彻底不再在这件事情上和我们计较了。

前面已经说过了，卡尔很少吃肉，这个习惯持续了很长时间。但随着他一天天长大，我们开始适量地给他一些肉吃。尤其是当我们注意到他长得越来越高的时候，或者我们觉得多给他吃一些肉对他有好处的时候。

我们每天不止一次地观察卡尔的气色、食欲、活动和精神状态，后来我开始注意观察他的思维活动状况，但我们的注意力更多地放在他的生长状况上。每个月的第一天我们都给卡尔量身高，还刻在门柱上作为标志。当我们发现有一段时间他的身高比平时增长速度过快的话，就会在他的食谱上多增加一些肉。

食用过多的肉对孩子的肠胃会造成伤害，这都无需证明了，而且这种伤害至少会让孩子感到不舒服。过多的肉类食品会破坏胃液的分泌，引发各种各样的麻烦。

就算是孩子把吃的肉都消化掉了，看起来身体也没有什么疾病，也会对他造成伤害，吃太多的肉会使他变得暴躁、专横、顽固、残忍。

在自然界就是这样的。荒野中肉食动物都很残忍，相比而言食草动物就温顺多了。我所掌握的信息证明人类也是这种情况。我这里有一个很有说服力的例子，这个例子就是卡尔。如

果常年几乎是全素的饮食，会使孩子过于柔弱，容易屈从。我觉得我有责任把这一点说清楚，在这种情况下多吃些肉反倒更安全一些。

通过我们对卡尔的细心照料和合理的饮食安排，卡尔从3岁起就不过分粗暴，也不过分温顺。有段时间我决定带妻子去汉堡旅行一次，我们面临的最大问题不是经费问题，而是我们该如何安置卡尔。

很多人都表示愿意在我们离家的这段时间，把卡尔接到家里照顾。但是我非常担心他们会给卡尔吃很多肉食，还担心他们会过度纵容卡尔，我犹豫了很长时间。考虑了很久，最终决定把卡尔交给住在莱比锡的一个亲戚兼好友海因茨来照顾。海因茨在抚养孩子方面挺有经验的，他的三个儿子和两个女儿都已经长大成人了，而且都让人为之骄傲。另外，他是最支持我教育方法的人。我们经常带着卡尔去他家做客，他们从来不像其他人那样非让卡尔吃这吃那的。

海因茨非常乐意把卡尔接到家里照顾，但还是要求我们写下一个非常详细的说明，告诉他们应该如何照顾卡尔。我照此写了一份，也许是我太过于强调卡尔应该尽可能少吃肉食，海因茨家人尽职尽责地严格按照我的说明执行，当然这是非常可贵的。总之，在海因茨家生活的八周时间里，卡尔没有摄入足够的肉类食物。当我们去接他的时候，看到卡尔过度温顺的样子，我们几乎都要难过得掉眼泪了。从前那个活泼可爱的、友好的、有点小淘气的卡尔不见了，站在我们面前的是一个软弱顺从、只会浅浅微笑的孩子，他甚至第一眼都没认出我们，

直到我们热情地拥抱了他，他才泪眼汪汪地、犹犹豫豫地投进我们的怀抱。

当天，我就带着卡尔在莱比锡吃了一顿肉，比他平时吃得要多些，然后才返回了洛豪。两周后，卡尔又开始在我们的房子、院子里和花园里开心地翻跟头打滚了，又像以前那样淘气了，经常做出一些令人忍俊不禁的事情。

第十六章　我们如何对卡尔进行道德教育

如何对孩子说"不"

　　为了帮助卡尔养成良好的品德，我们恪守着几条基本原则，并怀着极大的责任心努力将这些原则付诸实践：自始至终做到公正又讲道理，严格又态度和蔼。如果我们两人中的一个忽略了什么或是轻易地原谅了他，那么另一个人就会认为，这和对他太过严厉一样是个大错误，在本质上，太过严厉和太过放纵都是有害的。

　　我们允许卡尔提出任何要求，只要他的要求是正确合理的，即便有时因为这样或那样的原因，我们会觉得不太妥当，但我们会告诉他我们的意见，并且一般都会满足他。如果他还要提出其他不合理的要求，我们就会断然拒绝。如果他能理解其中的原因，我们就不再做进一步的解释；假如他并不明白为什么他的要求得不到满足，我们就会把原因解释给他听；如果是他忘记了他本该知道的原因，我们就会以提问的方式提醒他想起来。

　　即使在他出生后的第一年里，我们也会大声、清楚、认真

地对他说："不！"然后，在他面前摇动两把钥匙发出声响，或者向他展示一些新鲜的玩意儿，并对他说"看，卡尔！"一般情况下，他会抬起头，眼睛盯着在他面前晃来晃去的东西看，听着我们说话，很快就忘了本来想要的东西。

对于小卡尔这样一个无助的小家伙来说，吃喝、清洁和作息的需要是必须得到满足的，否则他不可能听听钥匙发出的声音就满足了，一旦好奇心得到满足，身体的需要就会立刻显现出来。但我敢说，我们的孩子在这方面从来没有受过亏待。

不久之后，我们就不需要在转移他的注意力方面花很大功夫了。他已经能明白，我们说"是"就意味着"可以"，说"不"就意味着"不行"，不管他最后是哭还是笑，我们都会坚持这么做。于是他在不知不觉间已经习惯了绝对服从，不问理由，我敢断言，在这方面我们已经不需要再做什么了。

绝对服从其实比我们通常想象的要重要，一个孩子很可能一而再再而三地做出伤害到自己的事情。这种时刻，对听话服从的孩子，你只需要说一句："我的孩子，别那么做！"或者最简单的，只是喊一下他的名字，他就知道马上停手，安静地等着，并集中注意力。这时，你就可以告诉他为什么不能那么做，这样就可以保证以后不会再出现类似的情况。对于不服从的孩子，你可能就不得不提高嗓门冲他大喊，因为他没有养成服从的习惯，还会继续做他想做的事情，等危险真正发生的时候，一切都太晚了。

有一件事情可以作为例子，证明卡尔拥有充分的行动自由，又能受到绝对的保护。在卡尔两三岁的时候，卡尔的母

亲对他的照料比我多，这是很自然的。我更多的时间都花费在学习、因公外出或者离家远行上。当我和他待在一起的时候，我急切地，不，是严格遵守着注意秩序、清洁和服从的教育原则。而他母亲作为一个女性，要么是出于母性，要么是疏忽大意，是无法做到这一切的。

小家伙还很难理解我的心意，也不能完全理解做父亲的公正和亲切，他爱母亲甚于爱我。我已经注意到这个现象很久了，但是我也很满足，这对我来说很正常。只要我们一起坐在沙发上，卡尔更喜欢和他妈妈亲密嬉戏。而我的妻子总是用手指着我让卡尔到我身边，孩子也会向我表示一下亲密，但很快又跑回到母亲身边。她会再次把卡尔推到我身边，低声告诉卡尔要跟我亲热一点儿，我会马上认真地对她说：

"看在上帝的分上，让他愿意跟谁亲热就跟谁亲热吧，这才是正确的做法！他现在就是爱你比爱我多，这是正常的，除非我强迫他。这是他的天性自然流露，除非他是个伪君子。只要我为他做的比你多，这一天总会来临。那时即使他不是爱我更多，也必定对我更加敬重。"

我妻子明白了我的意思，不再干涉卡尔的意愿，卡尔以我为荣的那一天终于到来了。

一直以来，我尽可能地让卡尔不受干扰、自由地进行判断。普通教育中所灌输的成千上万的偏见，将伴随人的一生，使人们在面临生活中的事件时，原本清晰的感知受到偏见的干扰，从而带来无法估量的影响。

我非常明白，有些事情大人完全不能跟孩子说；有些事情说的时候要特别谨慎、有所保留；还有些事情在孩子形成并能够表达自己的观点之前不应该向孩子提起。但只要孩子的观点是正确的，大人就不应该不予理睬。即使他们的想法还比较稚嫩，我还是会尽可能谨慎地提出意见，使之更加成熟。

教孩子做一个善良的人

作为一个孩子，卡尔如果说了一个虽然正确，但非常唐突的意见，我会半开玩笑地跟在场的人说："瞧，真是个乡下孩子！你们千万别跟他一般见识。"

卡尔很快就会意识到，他发表的意见虽然正确，但不太合适。当我们单独相处的时候，他肯定会问我为什么。这对我来说就是一个很好的机会，从正反两方面说明这个事情，让他想想有没有更好的表达方式，这样既不会限制他的思考，又不会使他的内心受到伤害。只要有可能，我都会联系到更为高尚的美德和纯粹的虔诚。

我会冷静地说："严格地说，你的判断确实是正确的，尽管我必须承认这个事实，但是你说出来还是不合时宜，或者说显得你不够友善。你不应该当着爸爸妈妈的面说，也不应该当着别人的面说。你没有注意到刚才M先生多么尴尬吗？他可能出于对我们的爱戴和尊重，不能或者是不愿反驳你，但是由一个小孩子来告诉他这么一件不愉快的事情，他该有多么受

伤啊！如果这使得他今天心情不好或者被别人取笑，你应该因此受到谴责。"

卡尔一定是被这番话深深触动了，为自己伤害了别人感到内疚。但让我们假设，卡尔并没有认清他的错误，反而回答说："但是他一直对我都很友好啊！"

我就会这么答复他："那可能只是可怜你罢了。我说了'那只是个乡下孩子'，这句话告诉了他真实的状况。因为你令人尴尬的言论，使你得不到别人的爱、尊重和友谊。看来你没有注意到这件事情让在场的人都面面相觑。要不是我把话题转移到更有意思的事情上，这场谈话早就以尴尬收场了。"

我会再进一步假设不可思议的情况，卡尔不但没有感到愧疚，反而反驳我："但这确实是事实啊！"

我会更严肃地纠正他："你确定吗？看来是你错了。如果他当时说'你不知道我这么做的原因'，你怎么办？或者他说：'你有资格来评判我吗？就你，一个小毛孩，没有见识的孩子？'你又该这么办？即便你说的千真万确，他的行为就是错了。是的，我也怀疑。你就不应该替他考虑而保持沉默吗？你没有注意到刚才我们都没说话吗？莫非，你天真地认为，除了你，别人都没有注意到他行为上的错误吗？

"告诉我，我的孩子，如果他，或者其他人，一旦发现了你的粗心、鲁莽，就马上在陌生人面前一一指出来，你会高兴吗？而且，这不过是件无关紧要的小事，大人指责孩子是天经地义的，不用说是完全可以的。这个孩子不会因为这样的责备

受到什么伤害，像你这样不懂事的孩子，大人们对你们的小错误并不计较，甚至完全不介意。

"或者，你认为是别人都没注意到你的错误吗？那你就大错特错了！出于对你或者对其他人的好心，人们才对你的错误保持沉默，没有当着你的面指出来让你尴尬。但是，我的一些朋友，他们真心地爱你，都向我和你母亲提起过你的一些不太光彩的事情。他们只告诉我们，而没有跟其他人提起，是因为他们想帮助你，使你不断完善，成为一个高尚的人。

"这种善意的方式没有让你难堪，不是吗？那就对了，你就应该用同样的方式行事。'你想别人怎么对你，你必须先这样对待别人。'

"用一种刺耳和恼人的方式来说出真相，对你周围的人吹毛求疵、费尽心思找别人的缺点，甚至没有什么特别的原因就当着大家的面指责别人，这绝不是做善事。做善事是一种无法用语言来描述的美妙感觉，我们都把这样的完美归功于上帝，上帝就是'善'。我的孩子，你也希望能像上帝这样行善。如果你真的希望，就应该尽可能地完善自己。总之，别忘记做一个善良的人。"

我敢肯定，这时候卡尔一定带着悔恨的泪水，向我保证，绝不会再用那种方式伤害别人了。我也坚信，只是因为人性的弱点，更多的是孩子气，才会使他犯下这样的错误。

但为了彻底达到我的目的，我会假设卡尔还要继续反驳："难道要我说假话吗？"这时我会说：

"绝对不是！那样的话，你就是在撒谎，你就是个伪君子。完全没有必要这么做，你要做的就是保持安静。如果每个人都在自己熟识的人身上找缺点，并在大庭广众之下残忍地说破，这对你，对我，对所有人都是一种悲剧。毕竟人无完人，这样只会把每个人卷入到无休止的战争中，无一幸免。每个人都不得不睁大警惕的眼睛，时刻准备攻击别人或是保护自己。那是作为一个人，一个基督徒，一个孩子的父亲的生活方式吗？"

但是，我对这可怜的孩子有点不公平。表面上看起来我对他的要求够多了，实际上我敢保证，让他反思和纠正那些不符合道德和虔诚信仰上的错误，怎么说都不嫌多。可能我忘记告诉读者我给卡尔讲过哪些故事了，相信大家一定能从前面的暗示中推测出来。

第十七章　卡尔是如何学习读和写的

享受阅读的乐趣

卡尔最喜欢的游戏之一就是看图片。我们自然要向他解释图片里值得他理解的东西，讲解完之后我们让他复述一遍，我们一会儿是他的老师，一会儿是他的学生。当时他还不会读书，我们就常常遗憾地说：

"哦，要是你会读书多好啊！这个故事实在太有趣了，但我现在真的没时间念给你听。"

如果我们就这样走开了，卡尔看着这本图画书就像看着一本魔法书，但这种神奇的力量对他却毫无意义，因为他找不到打开魔法大门的钥匙。卡尔经常能根据图画编故事，然后讲给我们听，以便套出图画书里真正的故事。这样，他的阅读兴趣就逐渐被激发了。

与此同时，我买来了巴泽多（Basedow）的带着注释的初级读本，还有不少带有蚀刻版画的适宜读物。我不得不说，很多读物明显是借鉴了巴泽多的作品，但很遗憾的是常常还不如巴泽多的原著。幸好我自己拥有足够多的蚀刻版画可以供

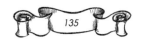

卡尔阅读了，我可以不时地挑选出一些适合卡尔的书，即使在天气不好的时候，卡尔也有足够的书可以阅读。天气好的时候宜人的自然景色，旅行途中的见闻，夜晚闪烁的星空，都是卡尔的图画书。从书本之间的转换，从书本到生活的转换，对孩子产生的价值都是不可估量的。

当卡尔三四岁的时候，已经表达出要学习要读书的愿望，我从莱比锡给他买了10套分大小写的德语字母，还有类似的10套拉丁字母，当然是可以区分出来的，还包括从0~9的数字。每个字母有3英寸高，粘在木片上。我把所有的字母都放进一个盒子里，和卡尔玩起了一种新游戏——字母游戏。

做游戏时，我们3个人都坐在地毯上，把小写的德语字母掏出来，把它们的顺序完全打散，随机抽出一个。每个人都要仔细地辨认拿出来的字母，大声地清楚地读出来，然后一个人传给下一个人，每个人都要这么做。一开始，我们有意识地让 a、e、i 这类字母反复出现。然后我们把每一张字母拿到卡尔面前让他辨读。如果他一下子认出来了，我们就会拥抱他表示鼓励。如果他没有认出来，我们就笑着说："哦，你这个小笨瓜，这是 a（或 e）啊！"

我可以向你保证，只用几天，而且每天只有不到一个小时的时间，卡尔就能认识所有的字母。

我们时不时地拿出几个大写的德语字母给卡尔看，好像是不小心混进去的。一会儿是我妻子问我，一会儿是我问妻子，一会儿是卡尔问我们，如果能小心辨认出大写字母以及大小写字母之间的区别。我就悄悄地放一些小写的拉丁字母进去。

如果出现了某个拉丁字母，而卡尔没有认出来，我们就会善意地笑话他已经在德语字母中间迷了路。卡尔不得不找出相对应的那个德语字母，比较这两者之间的异同。用这种方式，他很快掌握了小写的拉丁字母，当他能自己玩这个字母游戏的时候，很轻松地就掌握了大写的拉丁字母。

一旦他学会了字母，我们就开始放入一些音节和单词。很自然地，我们先是尽可能选择一些有趣的音节和单词，或者让他自己来选。有时，我们的朋友假装不认识某个字，要卡尔来教他们玩字母游戏，或者作为对他一些好行为的奖励，我们也让朋友们跟卡尔一起玩游戏。后来我们对游戏规则进行了多种变化，以一种简单、快速的方式达成了目标，而不是真正地教卡尔阅读。

这时卡尔对所有的字母都已经熟练掌握，他能非常准确而毫不费力地组成音节和单词，甚至都会造句了。他还学会了标点符号和数字，知道怎么使用它们。这就是我希望卡尔能做到的所有事情，我也担心卡尔的早熟。现在，卡尔已经4岁了，我和朋友格劳匹兹、蒂利希一起拜访了裴斯泰洛齐学院，还周游了瑞士和意大利。我妻子总是担心卡尔才智平庸，没学到多少东西，又看到我几乎很少真正教卡尔什么东西，非常焦虑，她希望能在我出门在外的这段时间里教卡尔阅读，希望用卡尔的进步来给我一个惊喜。

我所担心的事情就这样发生了。一个一直是从自然界、从周围环境、从插图中学习的孩子，习惯了用积木、字母等玩意儿做游戏的孩子，当他不得不面对由4个、6个或8个单词组

成一排的句子而手忙脚乱的时候，这些单词和句子对他而言毫无意义、缺乏吸引力，只会让他感觉到尴尬、不安和沮丧。

卡尔习惯用来组词的字母，或者我们让他读的有趣的词，都是 3 英寸高，而现在只是一串没有趣味的句子。这让卡尔无心学习，他母亲的教导也难以开展下去。谢天谢地，卡尔还没有彻底气馁。

我回家之后，看到妻子所做的工作，使得卡尔阅读起来更加吃力。我对妻子的美好意愿心存感激，但并不意味着她的工作有任何的价值，因为卡尔之前没有接触过这样的教育，从某种程度上来说，我们还没有发现他真正有渴望读书的念头。当我们向他保证有个故事特别有趣，一定会让他乐不可支的时候，他也拒绝读这篇短小的故事，我担心这样流于形式的教学会挫伤他的积极性。他说："谢谢，我不想读，我已经知道了。"

要卡尔放弃这种费尽周折才学到的阅读方式也并非难事，但这样做只会让我妻子更难过。在这段非常时期，我正在撰写关于裴斯泰洛齐学院的文章，思考和研究阅读教学的问题。于是我打算从卡尔入手，企图寻找到使阅读变得轻松的办法，以便卡尔能快速、心情愉快地品尝到努力收获的甜美果实。我找到了一些简短又滑稽的小故事后，欣喜万分。卡尔喜欢读这样的故事，他能自己读完之后带着微笑讲给我们听。"你看到了吧，"我说，"学会读书是一件多么让人高兴的事情啊！想想看，当严寒的冬天你不能到户外做游戏的时候，读书能为你带来多少乐趣啊！"我们的朋友也常常让卡尔读书给他们听，卡尔把他们都逗乐了，这就达到了我的目的。卡尔对

读书的兴趣越来越浓厚，用不了多久，我就可以给他买适合他的读物了。他如饥似渴地读书，有时候甚至会把一本书读上两三遍。

我已经跟他讲过什么是正确的语调了。他的阅读能力完全取决于他自己。我早就为自己定下了规矩：（1）培养他对学习的兴趣；（2）教给他最必需的东西；（3）给他的指导应尽可能地简单易懂。如果以上这些都达到了，我们作为他的父母所要做的就是偶尔在朋友的帮助下，鼓励他，为他提供机会，表扬他和奖励他，剩下的事情就要靠他自己去做了。

确实，我应该设法为孩子打点好一切，直至他完成学业，我有非常多的事情要做，我既要完成我的公职，还要尽快完成写稿的任务不耽误印刷进度，还时不时地出差在外，这远远超出了我的时间、精力和个人愿望所能承受的范围，而且，这也与我的计划完全相悖。

让孩子爱上写字

出于同样的理由，我也没有刻意教卡尔写字。我们经常当着他的面相互谈及或跟别人谈及，或者对他谈及写字的很大用处，也会时常刺激他学习写字的愿望。但是我们不会替他包办一切，至少没有长时间帮助他，只有在他一而再再而三的请求下我们才会给予他适当的帮助。开始的时候，他照着印刷体字母的样子"画"了出来。我们就拿这个跟他开玩笑，于是他请求我们示范手写体。他刚开始的时候也是依葫芦画

瓢，到最后他毫不费力地学会了别人要辛辛苦苦才能掌握的东西，也就是说，他能够随心所欲地抄写和记下他感兴趣的任何东西了。

这节省了我和卡尔多少的时间啊！这样他就可以有更多的时间享受清新的空气了。在这个过程中，卡尔极少受到批评，也不会像别的孩子那样把手、脸和衣服上都蹭上墨迹。如果他想要学习书法，也不用浪费现在的时间，只要像我一样，在他19岁或是20岁的时候花上一个月的时间，就能熟练掌握这门艺术了。

我之所以没有用寻常方法教卡尔写字，是因为我不希望把他的注意力都集中到写字上面并且令他只依赖于书面语言。这种做法相当普遍，尤其是在大学的讲堂里，早就出来一大批"记忆大王"。这种写作机器如果反反复复地在纸上记录，连"记忆大王"都当不了。但是我的儿子总是认真地听别人说，真正记录下来的东西很少，因此他能够把握住整个课堂的内容，就像老师们在推荐信上所说的那样，这令他的老师非常满意。

在这里，我们愿意与大家分享另一种字母游戏，这是我们后来在维尔德克的黑塞－罗森堡（Hessen-Rothenburg）法院学到的。所有参与游戏的人围坐在一张圆桌旁边。桌上有一大堆字母和数字（大概有1英寸高，都贴在纸板上）。现在每个人都从中选出几个字母或数字，拼成1个、2个、3个或更多音节的词。接着，再把所有的字母顺序打乱，交给下一个人。并给出提示，一共有5个单词，第一个单词以K开头，第二个单词以P开头，第三个单词以V开头，第四个单词以H开头，

第五个单词以 R 开头。同时，这些字母会一个挨一个从上往下排好，使每个人都能观察到并组成相应的单词。这种游戏很能锻炼人的组词能力。美丽而聪颖的黑塞－罗森堡公主克洛蒂尔达总是能很快猜出几乎所有的单词，不管这些单词是德语、法语还是意大利语。参与游戏的人可以相互提问和回答，因为组词存在成千上万种可能性，这对人具有特别的吸引力。

我们在柏林、莱比锡等地方学到的，或者是在书上读到的所有有用的有趣的游戏，都拿来和卡尔一起玩。在游戏规则允许的范围内，我们有意地干扰他让他产生混淆。每当我们发现这个游戏还可以做进一步的改进时，就立即修改游戏规则。这种做法很具有启发性，只要一个人参与到游戏中来，就能深入了解游戏的内在结果，就不仅仅是规则的机械遵守者和执行者，而能对游戏规则进行合理推论。后来当卡尔掌握了更高等的数学知识，他就能轻松地玩好每一个以计算为基础的游戏，还能对游戏做出改进，甚至发明出全新的、更有吸引力的游戏来。我必须承认，当卡尔第一次尝试着改造游戏时，我都被弄糊涂了。

我还花钱请玩杂技的人来教我们学习在杂技中运用的技巧手法。我的目的不仅是让卡尔观察他们的表演，而且要他自己去努力发现其中的关键所在，当然他都能发现。但是，当我看到卡尔凭着自己的模仿能力，最终只是赢得了毫无意义的羡慕和掌声（尤其是来自于女性）时，我会尽可能让他远离这种场合。我会让他忘了这些杂技和技巧，最终，正如我所希望的那样，像肥皂泡一样的掌声渐渐停下来了。

第十八章　学是学，玩是玩

将学习与玩耍分开

阿贝罗·戈蒂埃说的没错——给孩子玩一些精心设计的、有指导意义的游戏，会在孩子身上看到不可思议的效果。在这一点上，我和他稍有不同的是，我每天都会腾出一点时间专门指导孩子，虽然过程也是很愉快的，但绝对不是游戏性的。开始我只是出于自然本性这么做，后来我进行了深入思考，得出了以下结论：

戈蒂埃已经用他的方法实践了三十余年，现在，他连细节都设计得十分完善，他的学生应该学识渊博，才思敏捷。人们应该听说过一大批优秀人才是出自于戈蒂埃的学校，其实也并不尽然。这是什么原因？我认为：一个人早年的学习，如果都是边玩边学，那么他必然希望继续用这样的方式来学习。如果情况不允许的话，他必然会失去学习的动力。如果他日后踏入商界，这可是容不得半点玩笑的地方，他会发现任何事情都是受时间、空间和环境等因素的限制，需要他根据情况随机应变。与工作有关的问题接二连三，他会感到手

忙脚乱，再也不能像以前那样想怎么玩就怎么玩了，对他来说生活会越来越无趣。不管对他的期望多高，他最终也将一事无成。

我仍然坚持我的方法，将学习和玩耍分开来。学习和玩耍都具有，并应该保持它们各自特有的方式。举例来说，我喜欢让卡尔在充分的活动中激发他的思维能力，但不会强求。如果他没有达到这种状态，我们可能会假装没看到一样，或者取笑他："嘿，我的小傻瓜，难道你就知道这点啦？"如果他的回答不够恰当，或者不够深刻，我们就再次以玩笑的口吻说："从你的答案来看，你还真是我们的小傻瓜呢！"这样他就能明白我们所要表达的意思，下次就不会回答得既愚蠢又简单了。

学会珍惜时间

在学习（工作）的时候要有另外一种状态。一开始，我每天给他上 15 分钟的课，但在这 15 分钟的时间内，他必须保持注意力高度集中，否则我会非常生气。他必须在力所能及的范围内，完成每一件任务。在我们工作和学习的时候，我妻子和仆人都不能来打扰我们。我会斩钉截铁地对来访者说："现在不行，我们在工作！"或者说："卡尔在上课呢！"我的妻子和好朋友们都给我机会——看在爱卡尔的分上——听我说说这些真心话，强调为了目标坚定不移。我是如此坚定，连我家的看门狗似乎都明白了这一点，只要一听见我们要准

第十八章
学是学，玩是玩

备工作，它马上就安静下来了。这些几乎是从一开始就给卡尔烙下了非常深刻的印象，使他习惯于将工作时间视为神圣不可侵犯的事情。

卡尔不仅在工作中坚持不懈，而且他能做到投入所有精力，以尽可能快的速度完成任务。如果他进展缓慢，哪怕干得不赖，我也会表现出不耐烦。这对他非常有用，培养了他超常、敏捷的感知力。即使别人觉得难以完成的任务，他应付起来也是得心应手。当我们还在准备阶段，他已经都完成了。这样一来，他就为自己赢得了宝贵的时间去休息、社交和进行户外活动，而且比我们做得更好、更细致。

在他长大以后，他渐渐体会到这种能力的价值，并且日益珍惜这种能力。在维也纳，他曾动情地感谢我为他做的一切。这使我更加坚信，尽管他当时不能完全明白我为什么要求他又好又快地干活，由于我的坚持，才使他有了今天的成就。

第十九章　怎样善用奖励

恰到好处的奖励是孩子自信的源泉

对卡尔的好行为，我们从来不用金钱或者任何值钱的东西进行奖励。在成功面前发自内心的快乐，超越自我时迸发出来的喜悦，我们给他的爱抚，在他的"行为手册"上记录下所发生的事情，与朋友无间的亲密，坚信上帝会因此加倍爱他的信念，以及自己又向善迈进了一步的能力……所有这些都是给他的奖励。他深信，每一个良好的行为都使他更加接近上帝，他最大的愿望就是尽最大努力来尽可能地接近上帝。

在他做出不好的行为时，我们的做法完全相反。感谢上帝，他从来没犯过什么错，即使发生小的失误，面对我们的责备时他也流露出非常认真和悲伤的忏悔。不管什么人，只要冒犯了别人，都会遭到大家的一致蔑视。我敢打包票，即使给我儿子100万，他也不会故意去伤害别人。

但用金钱来奖励他在获取知识的过程中付出的努力，我们从来没有觉得不安。在这种情境下，我们向他指出，努力可以磨砺出才智，但比不上他的心灵，尤其是虔诚的心灵。

我们向他保证，他也亲自体验到，一个人如何用知识和道德的力量来赢得别人的尊重。然而，卡尔更相信，来自最优秀的人和父母的关爱，以及上帝的庇护，更加值得他无比珍惜。

每当他勤奋学习的时候，我们只要说"这样就对了！你履行了你的职责，我对你非常满意！"之类的话。然后对他母亲或者朋友也仅仅是这么说。当他做了一件特别有意义的事情时，我会怀着兴奋和喜悦的心情，与他和他母亲以及好朋友分享。简而言之，我们让他相信，勤勉的工作是使人在尘世间获得快乐的准备，高尚的行为会使人犹如身处天堂般的满足。

然而，在他的工作确实非常出色的情况下，作为一种世俗的补偿，我也允许用金钱奖励。在这一点上，我尽可能效仿商业领域的做法。只要他的工作成效不太显著，我只给他很少的奖励，他也很清楚即使那一点也不是他应得的，只是对他所付出努力的一点"看得见"的肯定。另外，我很谨慎地不让他仅对奖励感到满足。我知道奖励很容易变成一种交易，进而失去了其应有的价值。但是这种情况从未在卡尔身上发生过。

提起一件事，我就感到很惭愧。有一天卡尔的德语读得很好，其他方面也表现得很好，却只得到了一便士的奖励。也正因为如此，我担心这种直接的奖励会使卡尔变得目光短浅，直到几年后他做得非常出色的情况下我也只是奖励他 1 便士。还记得他得到这一便士的时候是多么高兴！我敢保证有人即使收到美元也不一定有这么高兴。

如何正确地给孩子物质奖励

无论在什么情况下，我都将做一个高尚的城市公民谨记于心。对卡尔来说，我们的家就是国家，我就是执政者，而他就是国家的公仆。我要求他为了全体人民的幸福和他个人的利益，应该在将来尽心尽力地从事有意义的事业。这些东西都写在了"行为手册"上，告诫卡尔要去实现这些职责。当然，对他通过辛勤劳动所获得的劳动成果，我也欣然接受并给予奖励。这些是以我们这个"国家"的名义奖励给他的，对我们来说，这也便于卡尔更直接地抓住"国家"运转的本质。

另外，卡尔得到的钱可以为他将来做些准备。他学会了如何有效使用这笔钱。假如他把钱用来买甜食，那么很快就花光了，就他所接受的教育来说，他也很难从中得到什么乐趣。所以，他会把钱存起来，直到攒到一定数量，再去买一些持久耐用的东西。我们对此也非常赞同，有时还悄悄地往他的存款里添一点，以帮助他达到需要的数量，并引导他特别注意这些东西的有用性和耐用性。结果他常常买礼物送给别的孩子，当然这种行为获得了这些孩子和家长的喜爱。

当有不幸降临到我们的邻居头上，我们都会给予帮助，我们也从来不会忽略卡尔在这种情况下拿出来的3便士、6便士或者9便士。相反，我们以受助方的名义向他致以"最真挚的感谢"，并如数转交给需要的人，有时还需要我们把分币换成整元。在捐赠表上，捐出了12便士的卡尔和捐出了20美元的我并列在一起，我还向卡尔解释说他付出的和我们一样多。然后，我给他讲起上帝与那个可怜寡妇、穷孩子的谈话，

这是他很早就学习过的圣经故事。

但是，即使他把工作完成得非常好，却有悖于更高的道德准则，他也得不到奖励。如果只是小事，我会说："要是你明天和今天一样努力，表现也很好的话，我就把今天的钱也一并给你。"

对他最严格的通常都是他自己。他从来没有对惩罚表示过不满，而是对自己的错误行为和影响表示自责，担心我们会因此减少对他的爱。

他经常对我说："我今天不应该得到任何奖励，因为我做得还不够好。"上帝才知道这个时候我有多难，他只犯了小小的过失，我很难不做任何表示。我甚至想给他双倍的奖励，再给他一个亲吻。我强忍着高兴的眼泪，冷静地对他说："我并不这么认为！但是，我的孩子，"我亲了亲他，"你明天一定会表现得更好！"

就这样我们完成了难以置信的任务。真心希望所有的家长都能像我一样为他们自己和子女着想。

只要是一项艰巨的任务完成了，举个例子，我们在读完并翻译完一本书后，就快乐地大声呼喊，卡尔的母亲听到之后就知道庆祝的时候到了，当然我之前已经悄悄告诉过她了。

庆祝的活动主要是卡尔的母亲准备了卡尔最喜欢的食物，有苹果派，伴着温啤酒的华夫饼，或者是煎蛋卷，作为他的晚餐；餐桌也布置得像过节一样。更重要的是，作为孩子的父亲，我会说说卡尔取得的进步和智慧的增长，以及刚刚完成和将要

开始阅读的书。另外，孩子的母亲，一个假装刚好碰巧或者受卡尔的邀请来串门的好友，会与整个晚宴的主角卡尔一起讨论刚读过的书，这使卡尔感到无比快乐。

感谢上帝给我们力量和健康，能让我们顺利完成这项了不起的工作。当然他的母亲会提醒卡尔不要忘记感谢老师的辛勤付出。

第二十章　卡尔是如何学习外语的

学外语是一件有趣的事

在卡尔 6 岁那一年，我们带着他到柏林和罗斯托克进行了一次长途旅行。在回来的途中我们拜访了我妻子的哥哥赛德。他是斯特达尔的一位传教士。他最小的儿子叫海因里希，是个可爱、漂亮的男孩，比卡尔大 2 岁。海因里希的继母和继母的姐姐都非常疼爱他，教他说很多法语，他在法语方面的阅读与翻译能力非常不错，运用法语说和写的能力也不错。这令我非常高兴，我十分喜欢这个孩子，并对教给他这一切的老师表示由衷的敬意。

露易丝和我一样，也为海因里希能有这样出色的表现而由衷地高兴。但同时对我很恼火，因为"卡尔到现在还什么都不会呢"。我笑着对她保证说，卡尔已经知道得相当多。当然，他不可能知道那些我还没有教他的东西。

露易丝反问我："那你为什么不教他呢？你应该明白，他到现在还显得那么无知，我真为此感到惭愧。"我提醒她目前时机还不够成熟。她反驳说："教给他这些东西并不会要了他

的命，而且考虑到你的健康状况，你也不可能判断出自已还能活多久。为什么你还不及早传授他知识呢？"

我笑了笑，还是坚持我的观点。但当我们离开斯特达尔后，我又一次兴致勃勃地谈起了海因里希的时候，我妻子又开始催促我。这让我有点恼怒了，说道："亲爱的，请不要令我们的旅途产生不愉快！我答应你，等我回到家就立刻教卡尔学一门外语。但是我要告诉你，我最多每天给他讲 15 分钟。我教他只是要让你知道，只要教他，他就能学会。"

"你不会忘记你说过的话吧？"

"难道我许诺之后常常忘记遵守诺言吗？"

我们都陷入了沉默。而我想的是海因里希和卡尔，想的是将采用什么方法来教卡尔。

在我们旅行的间隙中，我总是在思考这个问题。如果我已经完全掌握了荷兰语和英语（实际上这两种语言我的水平还算凑合），那我应该先从低地语言（Plattdeutsch，德国北部方言）开始，卡尔通过我们，以及在德国北部的频繁旅行，已经对低地语言有了一定程度的了解。然后我再依次教他荷兰语、英语、法语、意大利语、西班牙语、拉丁语，最后是希腊语。

我对德语、低地语言、荷兰语和英语并不担心，因为低地语言和德语存在显著的差异，一个智力正常的人绝对能轻易地将二者区分开来。我们会要求卡尔把英语和荷兰语翻译成准确的德语，但不必把德语翻译成其他语言。所以，对于一

个受到正确指导的孩子来说，不需要担心或害怕什么，而且学习外语将是一件很轻松的事情。

我还想说的是，彻底掌握了德语之后，再学习希腊语就会是件很容易的事。从理论上讲，希腊语和德语之间存在很多关联。比如两者都有冠词、名次词尾变化，以及动词变位、句式构成和构词法等。但是问题在于，现在还有谁会说或写希腊语？古希腊现在在哪里呢？我们还有适合孩子学习希腊语的语言环境吗？我们用什么方法来激起一个孩子学习希腊语的欲望呢？或者怎么告诉他希腊语还有用处呢？最后，虽然我能轻松愉快地阅读希腊文，但我还是对法语和意大利语更为熟悉。看来，在教孩子学习外语的过程中，这些因素的重要性远远比我们承认的程度要高得多。

在经过一番深思熟虑之后，我最终决定先教卡尔法语。我的理由如下：

我认为，教孩子语言，要选择一个他之前间接了解过的语种。要卡尔学习法语就是这种情况。我能够用法语进行对话和阅读。在我使用法语的场合，他也经常陪我一同出席。我能感觉到他非常尊重和喜欢那些和我用法语进行对话的人，因为他认为这些人具有渊博的学识。但最令他痛苦的是，没有人告诉他我们在讲什么，我们又因为什么话题而发笑。通常，我和朋友们在讨论一些私密的对话时常常使用法语。卡尔也注意到我们有时会谈论他，如果他问起我们说了些什么，我就故意这样回答他"我们刚刚在说你"，以此来激发他的好奇心。然后我还会告诉他："要是你懂法语就好了。你将从中得到很多快乐，

还会赢得别人的尊重。"

事实上，如果一个孩子已经掌握了拉丁语，在学习拉丁语系的派生语言，如意大利语、法语的时候，就会容易得多了。对于一个德国男孩，在学习一门外语之前就先学习拉丁语，尤其是在他的思维还没有得到充分训练的情况下，那就是愚蠢的、有害的。否则，我相信他会像一只空瓶子一样，耐心地接受一切事物。

有人认为，认识了母亲就很容易熟悉女儿。我却认为很了解女儿的人肯定会更快地熟识其母亲。对于一个小孩子，先学习派生语言，要比先学习根源语言要简单方便得多。

有人断言，一个人在学习拉丁语之后将会发现，再学习意大利语和法语就容易多了，对此，我会这样回答他："很好！如果我在一个建筑物的顶层，要想下到第三层、第二层、第一层，最后到达地下室，这不是很难。但是我怎么到达楼的顶层呢？更明智的做法（也是最容易、最安全的办法）就是先进入地下室，然后再向上走一层、二层、三层等。用这种方式，我最后能轻易地到达楼的顶层，相比与试图从外部直接到达楼的顶层，遇到的困难会小得多。另外，我用的是一种自然的方法，可能存在的危险也更小，上楼所花费的时间也比备受赞誉的老方法少得多。"

当我对一个聪明的孩子说"pater"（拉丁语）时，他会立刻回答我："这是'父亲'的意思。但是，为什么没有定冠词'the'呢？"如果我说单词"pater"已经包含了定冠词"the"的意义，他会笑着反驳我这是不可能的，甚至可能会说这简直太愚蠢

了。假如他已经懂得了德语的词尾变化，当他听到"父亲的"
（of the father）被翻译成"patris"（拉丁语），他就会满腹狐
疑地看着我，因为对他而言，在词尾变化中缺少了"……的"
（of the），这是不可想象的。这与法语有很大的区别。如果
我对我的学生说"父亲（father）就是法语中的 lepère"，他会
很满意，而且当他听到"父亲的"（of the father）翻译成
"dupère"，他也会相信的。

但是现在我来说说动词。如果我说"difico"（拉丁语）
就是"我建造"的意思，这个孩子一定会感到很困惑，而且
会马上问我："其中的'我'（I）在哪里呢？"但是对于他
来说，他一定很清楚"je batis"（法语）就是"我建造"的意思。
同样的"dificas""thou buildest""tu barfs"等都是这个意思。
对于孩子来说，拉丁语中的复数规则，是相当不容易理解掌
握的。

以上的情况，说的是一个具有相当基础的聪明的孩子的情
况。如果是比较愚钝的也没做什么准备或者准备不充分的孩
子，他遇到的问题会更大，他只会接受别人教给他的一切东
西，尤其是写在书本上的那些不容置疑的语法。他努力地学
习，记住那些他并不理解的"单数、复数、主格"等。事实上，
在第一次有人问起他对这些语法能不能理解时，他已经对这
些语法感到焦虑了。他在以后的生活中，还会有很多东西不
能理解。他将用早期形成的短视的、简单的、片面的方式去
做出判断，而且还要求其他人接受他的错误观点，仅仅是因
为他以前学过。

以过去时"I have built, dificavi"为例。这个孩子一定会觉得这句话听起来让人难受。而"Thou hast built"这样的表达多么自然啊！更让人感到费解的是虚拟语气。在传统的学习方式下，聪明的孩子也会因此困扰很长时间，很难对此形成清晰的认识。我发现了一种方法，可以让孩子们很快就掌握虚拟语气的用法。在过去的二十年中，已经有很多聪明的孩子掌握了我的方法。很多孩子都按照这种方法的指导来进行学习。

首先，我会找出与德语发音相近的法语单词，并尽可能将其翻译成德语。一旦这种转换完成，孩子们都能完成得很好，学完之后就能记住，并且能在再次遇到这个词的时候准确地翻译出来。如果出现了一些不规则的情况，我就向卡尔做进一步的解释："好，你做得很好！但在句子'pour me dire'中，这里的'dire'不是'告诉'的意思，而是'去告诉'。"遇到这种情况，孩子们一般不会介意，因为他之前就可能遇到过并克服过这种困难。例如，这样的一个句子"J'ai entendu, qu' on m'appll é .Est il vrai？"我用以下的方法来处理它。

我把其中的"J'ai"分解成"je"和"ai"，然后开玩笑地说，法国人一定认为"J'ai"比"je ai"更动听，但它们都是正确的。不久以后，卡尔也会按照我这种方法进行思考，并且将此当作了法语的一部分。"je ai"和"J'ai"的意思是"我已经"，"entendu"的意思是"听到"，"qu'on"没有什么实际意义。他会自问："这不是和'je ai'一样吗？"与此类似，他会认为"m'a"是从"me a"

简化来的。"Me——我，a——已经，appllé——叫，Est——是，il——他，或者它。"这时，我就和卡尔说："你必须找出答案，到底是用'他'还是'它'。我可以给你的提示是'vrai'是'真实的'意思。"卡尔很快就能说出正确答案："在这里'il'的意思是'它'。"

肯定会有人反对我这种做法。他们认为这种蹩脚的翻译方法会导致孩子们的德语水平越来越差。但我向读者保证，从我长期的实践经验来看，这种情况绝不会发生。学习拉丁语的时候，有可能会出现这种情况，因为拉丁语的句子结构与德语相比有很大的不同，而法语并不存在这样的问题。另外，如果学生已经能熟练地讲一口纯正流利的德语，他刚开始的时候确实会按上述方法来翻译。但是只要句子翻译出来了，他就会用准确的德语重新表述出来。让我们假设一种情况，如果这个孩子不这么做，那我宁可让他准确而透彻地、逐字逐句地把整个句子翻译之后，再修改成正规的德语，也不愿意让他在不能清楚理解每个单词含义的情况下就开始翻译。

"但是，你又怎么样教他分析句子的成分呢？"有人这样问我。这就是我先让卡尔掌握一些常识，以及德语的词源和派生词、词格的变化、换位、替代分开词等的原因，同时这样还可以培养他的推理能力。

这样一来，他翻译外语就很精准了，精准得好像是一个真正的德国人写的似的。重要的是，卡尔能明白这段话的准确含义。如果有他不熟悉的单词或词组，他会仔细地斟酌，或者向我们请教。如果他没有这么做，我们也会问他，要求

他弄明白。总之，卡尔就会养成一种习惯，渴望了解一切事物。用这种办法教孩子练习翻译，不会使他处于盲目的学习状态中，反而使他对所做的事情时刻保持清醒，这对于一个孩子来说是一种幸运。如果他遇到不懂的地方，我会帮他在语法书中查找出来再念给他听，告诉他某一天可能会发现一个相似的词尾变化……这些都是非常有益的事情。

从那时起，只要是卡尔翻译外语的时候，词典总在他的左手边，语法书在他的右手边。基于同样的原因，我希望一个初学者应该随身携带一本小字典，以便随时查询。大字典用起来比较麻烦，也容易让孩子无所适从。有些读者也会准备一本小语法书，但我不这么做。因为一个孩子应该从一开始就熟悉他将来要用到的语法书。在这方面，习惯是极其重要的。通过书页间的标志很容易就能找到需要参考的内容，没必要做摘要。

在还没有弄懂一个表达方式的准确含义，没有找到准确的德语表达之前，卡尔从来不会盲目地翻译。他会认真思考这些令人烦恼的词是怎样变形得来的，是单数形式还是复数形式，是名词还是形容词。

人们会注意到卡尔也会对句子进行分析，这是因为，第一，他自己有分析的兴趣，在所有的教育方法中这点是非常重要的；第二，他为了一个特定的目标而做分析，是为了完整地理解句子的含义。因此，直到他发现了问题的答案，消除了他的一切疑虑（一开始是在我的帮助下，然后他就独立进行了），他才会满足。同时，因为他习惯了规整和清晰，他会注

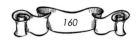

意到句子在特定情况下的用法，除非他对其他相关的东西有目的地做过分析，否则他是不会轻易依赖字典或语法书来解决的，这样也能锻炼他的记忆力和推理能力；第三，他分析时头脑清晰，清楚地意识到自己所做的是什么。很明显，按照上述方法结合句子对单词进行分析，比一般的分析模式更加有用。

经过充分考虑，我经常对他说："如果你想更精确地了解你所翻译的东西，一定要好好地查询语法书和字典。"通过这种方法，我将他引导到了一个超出他的预料的、更高深的领域。

我之所以在教他拉丁语之前先教他法语，还有其他重要原因。在学习法语时，我们不是面对着一个早已死去了几千年的远古时代，而是要用法语参与当前现实的世界。读者们能在书中发现我们的风俗、习惯、气候、建筑、器皿、文化、社会交往、服装、休闲活动等，因此他就感觉到像生活在自己的国家一样。而用传统的教育方法教授罗马语、希腊语，就会使他们有一种陌生、缺乏吸引力的感觉。而且一个现代作家所描述的大部分事件像是发生在孩子的周围，而古希腊、古罗马那么遥远的年代发生的故事，总使他感觉与周围的环境完全不同。这一点就足以证明，先教孩子拉丁语和希腊语是一种本末倒置的做法。我的主要理由如下。

我相信，只要给孩子通俗易懂的读物，而且最好是专门为孩子写的书，那么孩子一定会乐于学习、阅读任何语言，而且能有效地理解它，可能的话，孩子将在这些书中发现一

个属于自己的世界。书中描写的情景和人物都将是符合孩子特点的。在德国，我们感到特别幸运的是，这里有很多这样优秀的图书。基于这样的原因，法国人，英国人，甚至意大利人尽管在翻译其他国家的文学作品时非常谨慎，但他们选择给他们的孩子翻译更多的德语读物。我们为这个优势而感到高兴，因为这些书用的都是德语。难道我们不应该把系统的方法用到一门外语、一门更难学的语言上？难道我们应该故意把孩子的世界放在一边不管，却带他们走向一条布满荆棘又枯燥无味的学习之路？我不同意这样做，因为那样的话，孩子们将徘徊在失去信心的边缘，步履艰难地前行，而且收获甚微。

我们可以给孩子们提供一些小故事书籍，里面写的都是发生在他们身边的趣事，就像是那些精心准备的读物一样。那么，对于写出这些生动有趣故事的语言，已经受过正确教育的孩子就会很渴望学习。他们会非常乐意去学习和记忆，很快就能轻松地克服各种困难和障碍，因为这个过程给他们带来了快乐。用不了多久，除了我们布置的阅读任务外，他开始自觉地阅读更多的作品。你所要做的就是给孩子一个明智的指导，就能使孩子们的阅读能力提升到一种更高的境界。

我尽可能快地把贝尔奎恩用法语写的《儿童的好友》送给了卡尔，这本书在莱比锡的格雷沙门卖得很便宜。我相信，他已经如痴如醉地把这本书从头到尾读过18遍了。特别是当他读到了一个以前读过的故事时，他显得格外开心。他会主动地读上十几页。不久以后，他的语言就大有长进，我必须给他

再布置一个更难的阅读任务。他被书中那些妙趣横生的故事情节所吸引。这些故事都是从生活中熟悉的情景提炼出来的，理解起来相当简单，这对他的心灵产生很大影响，使他在整个学习过程中毫不费力。

如果我像传统的做法那样，从拉丁语开始，马上就给他读罗马作家内利乌斯·内波斯的作品，情况就会变得完全不一样了。与贝尔奎恩不同，内波斯的作品很久之前就已经没有人再使用了，在任何国家也都不是本地语言。因此，孩子们也知道学习这种语言不会有什么回报，而不管多么理性的人也总是希望付出能有收获。

除此之外，拉丁语中没有冠词。它的词尾变化和动词变化和我们的语言也有很大不同，它的词语在句子中的前后位置更是与德语不同，就是成年人也会因为这种复杂生硬的句子结构感到困惑，很难明白句子真正的意义。以上说的都还是表象，内在的原因会使情况更糟。像内波斯、恺撒和西塞罗等人的书，是写给成年人看的，是写给生活在两千多年前的政治家看的。尤其是内波斯，他的书是写给那些统治希腊的罗马人看的。他曾经在希腊学习了一段时间，或多或少地熟悉希腊语言、文学和礼节。他想通过简明扼要的文字，描述那些伟大的希腊将军及其战役，以便为那些政治家提供帮助。他在文中对一些人名、地名和时间等做了暗示。当他提到他们的各种罪行，甚至是最邪恶的东西时，都不带一丁点儿委婉的语气羞耻感。根据他们的道德法典和宗教信仰，这些都是被许可的，或者至少说是可以被原谅的。

但是，这些东西，对于一个天真无邪、信奉基督教的小男孩，会留下什么印象呢？这些描述恺撒杰出军事才能，并经过精心编造和重新修改而成的军事战略方面的著作，可以说是一部大手笔的巨著，对于一个资深的军事学家来说都会有些难度，那对卡尔来说，又有什么用呢？西塞罗的法律和政治方面的著作，对孩子来说又有什么用？他的古希腊罗马哲学著作，想通过对希腊深入调查，打败那些罗马最优秀的人。西塞罗总是把一些政治上罪恶的东西看成是自然的事情，但这些东西我们的孩子也不感兴趣，就连他们的老师也对此知之甚少。再说了，让我们的孩子去学习西塞罗写给他的"密友"的信件，对我们的孩子又有什么好处呢？如果一个孩子如此痛苦地阅读内波斯的东西，就像我一样，他又能从中得到些什么呢？这里面有用的东西不多，糟粕倒是不少。

另外，如果孩子们专心阅读并完成了一本专门为孩子写的德语和法语书，那么他们的智力、想象力和心灵将受到很大的启发。我坚信，如果对此说得再多，我就是在浪费时间和劳动，就是低估了读者们的智力。我只补充一点，如果学习外语时要让孩子们从语言的基本原理开始学起，也就是说，从语法开始，学的时候随随便便，或者允许有不懂的地方以后再来弄明白，这是对我们以及孩子们的智力的一种犯罪。一种语言是否能称得上是"财富"，还需要判断和规范。我采取相反的顺序，这给我的儿子带来了极大的益处。

但是还会有人说："法语读起来太难了，而拉丁语读起来比较容易。"确实是真的。我也可以举出一个例子来证明，这

个说法是可以被推翻的。当我想教卡尔学一些东西，而他也很想学的时候，我首先教给他一些和德语发音相近的单词，然后是差别小一点点的，如此循序渐进，这并没有对我造成什么影响。

与此同时，我还努力做到认真又幽默。认真——我直截了当地告诉他正确的法语发音，而且给他举出很多例子，说明这些单词在生活中是如何被运用的。幽默——德语单词会出现很多不规则拼写的情况，于是我经常说："这显得我们多傻啊。因为我们写'thun'，而不是'tuhn'，这种情况还不少。但在单词的写法上尤其是发音上，法国人比我们还傻。"我这样一说，他就把这种学习看成是一件有趣的事情了，即使是忙于学习一些枯燥无味的事物，他也乐此不疲。因为他将此看成是一个小游戏、一个谜语，或一个复杂的迷宫，而为了解决这些问题，他会认真地对待每一个难点。毫不夸张地说，我认为用这种方法,使得他学习法语的速度进步得令人难以置信。在提到那些太不合规则的发音时，我会以开玩笑的语气提醒他。有时，在餐桌上，或者散步时，我还会说："哦，亲爱的，这种发音的感觉就像是法语中'monsieur'一样！"

如何创造活泼的学习氛围

在此我想说的是，一般情况下，如果在教孩子学习的过程中，气氛不是那么严肃的话，孩子们会学到更多的知识。我也反对完全像做游戏一样的学习方法，然而我认为应该在严肃中加入一些轻松幽默的元素，该认真的时候认真，适当

地开一些玩笑。令我爱戴和尊敬的老师戈戴克就是这样做的。

卡尔常常不费力就能学会很难的东西，这是我用一种轻松而愉快的方式来教他的。如果是我或某个人采用一种严肃的姿态，或者用一种冷酷、僵硬、令人困惑的方式提出问题，即便是很小的问题也会让他害怕。

更让人讨厌的事情是，教师教的东西往往连他自己都还没掌握。就像很多德国演员，对自己所要扮演的角色认识不够，只能焦急地看着提词员，听着提词，拖着长长的声音念着错误的对白，却不知道该用一个相配的正确表情和合适的动作自然地表演。这样只会让观众感到恼怒和厌倦。有些教师对自己要讲授的主题并不精通，也没有把知识弄明白就教给学生。学生本该因为学到新知识而感到快乐，并积极参与其中的，现在却感到压抑和倦怠。老师经常要停下来想想自己要讲什么内容，或者只是重复自己刚刚听到的东西，或者频频查阅参考书，这样的老师是不可能教给学生什么东西的。我和其他人都有这样的经历，即先是作为学生，后来当了老师。但是幸运的是，我也见到过一些相反的情况。出于这个原因，我只把最擅长的东西教给孩子。

如果我想让卡尔加快速度的话，我就每天教他一个小时，而不是15分钟，或者应该用对话的方法来学习。但是这样做，反而会起到相反的作用，也只有在我妻子的请求下，我才会那样做。仅仅在几个月之后，我就高兴地看到卡尔正在不断地获取知识，而且随着知识量的增加，他还想学习更多的知识。于是我给他每天指导半个小时，不久之后又增加了一点，

到年底的时候已经达到每天指导一个小时了。卡尔从阅读中得到的就是快乐。比如，他在读《鲁滨逊漂流记》，之前他曾看过德语版本，后来他用所学的外语把这本书翻译出来了。在一年内，他的法语已经达到了相当高的水平，以至于不需要我的帮助也能愉快地阅读简单的法语书。然后我开始和他用法语交流，并教他学习意大利语。这对他来说不是难事。6个月后，他的意大利语水平就已经相当于他学习法语一年后的水平了。现在他每天花在学习外语上的时间最长就是一个半小时。

卡尔已经学会了如何发现和克服在学习语言过程中遇到的所有困难。因此，我希望他以后对学习拉丁语不会再有畏难情绪。本来我希望我的努力不会白费，但很多成年人和他的朋友，尤其是在我家中的两个学生，经常对卡尔说起，拉丁语是一门令人生厌、难懂又毫无用处的语言，以至于卡尔在没学前就已经对它产生担心和偏见了。

我也不能排除这些因素对他的消极影响，就像我前面说过的，我不能向卡尔保证学习拉丁语是一件多么轻松愉快的事情，我也不知道如何才能向他说明拉丁语和现代语言一样有用。即便是告诉他只要掌握了拉丁语就能成为一个博学的人，也不会有什么作用。因为他可以振振有词地回答我，他不在乎自己成为一个学识渊博的人，他只要做一个生活充实、有教养的人就够了，而这不需要懂拉丁语。他也见过不少虽然博学却一点教养也没有的人。因此，我只能帮助他树立起信心，通过我亲近的朋友使他相信学习拉丁语的重要。除此

之外，我真是无计可施。我也常常当着他的面谈论《埃涅阿斯纪》的美妙和西塞罗的一些作品。作为一个诚实的人，一个永不自满的学者，当他将奥维德、特伦斯、苏托里厄斯、贺拉斯和许多其他的拉丁语和希腊语经典著作推荐给自己的儿子，此时他的内心怎能不承受着道德的压力而颤抖呢？如果孩子成为一个酒鬼、浪荡子或者学会违背本性的恶习，却不感到羞耻，他的内心一定会深深地自责。就算他没有把那些可耻的念头和对罪行最强烈的激励作为极力赞扬的事情教给孩子，难道他就可以因此逃避道德的谴责？

当卡尔已经掌握了拉丁语时，我做了一些不同寻常的事情。我们常常谈起一些作家，比如贺拉斯，他是一个诗人、名人、哲学家，也是一个受人鄙视的酒鬼和道德败坏之人。我从来不说他"喝酒"，而是说他是酒鬼、酗酒。在日常生活中，用"占用"代替"偷盗"，用"不讲真话"代替"撒谎"，用"不勤快"代替"懒惰"，这种说法产生了很多不可思议的害处，在教育中尤甚。如果恶习穿上了美丽的外衣，那才是最危险的。尽管这些作家可能会对很多男子的道德行为形成一种误导，但我对这些作家的评价在一定程度上对卡尔产生了积极的效果。他相信我并像我一样去做判断，因为他全心全意地爱着我、尊敬我。当我说"这对你没有好处！"时，尤其是当我脸上流露出蔑视或厌恶之情时，他通常就不会再去读那本书了。按照传统方式培养出来的孩子，总是对大人们明令禁止过的东西产生一探究竟的好奇心，有时还与别人谈论这些东西。不幸的是，这些被禁止的东西反而成了唯一的，被他们很大程度吸收的东西。

尽管上面我已经说了很多，但还是不能消除我内心的担忧。我选择了贺拉斯的一本书，这个版本已经删除了那些肮脏的内容，我也很喜欢它。当然，肯定有人会说，如此一删，贺拉斯就不可能成为一位伟大的拉丁学者了。而且删除的章节的副作用比人们通常想象中的小得多。我听了这些人的胡说八道，我很同情他们的学生，因为学生们无辜的心灵根本抵挡不住那些无耻言论所造成的伤害。

上面我提到了我为什么不将恺撒推荐给卡尔。李维的书对于一个孩子来说太过严肃、枯燥，而且他的序言，实在是太难懂了。我也不会给他推荐费德鲁斯，我本人已经受过阅读这本书带来的折磨了。

这时，一个令人高兴的情况帮我跳出了关于引领卡尔掌握拉丁语的困惑。我和卡尔常常去莱比锡，我带他去看戏剧、听音乐会等，总之，看一切值得看的东西。有一次上演《圣母悼歌》，在剧场入口处我们领到了关于这出戏剧的文字说明。卡尔已经习惯了让我把这些东西翻译出来读给他听。在演奏交响乐的时候，我们一直坐在剧院的侧座上，我对他说："亲爱的，你翻译吧！"他困惑地看了一会儿，说："这既不是法语，也不是意大利语，那一定是拉丁语。"我笑着回答他："不要管它是什么，只要你能把它翻译出来。至少试一下吧。"于是他就试着翻译起来，我在一旁帮助他。通过调整发音，刺耳的拉丁语在某种程度上听起来更柔和了，几乎像是在读意大利语。比如，"stava't""mader' "dolorosa"，等等。遇到像"juxta"这样的单词，我帮助他，说："你不知道这个，它的意思是

这样的。"我把"Crucem"读得好像是在说意大利语，而把"lacrimosa"中的"c"几乎读得就像"g"，诸如此类。我们迅速又愉快地将原文翻译到了结尾。他高兴地说："如果拉丁语都这样的话，我愿意学习拉丁语！""当然，拉丁语就是这样子的。如果需要的话我会随时帮助你。"第二天，我找出了一本拉丁语著作《罗宾逊》和其他的简易读物，都很适合孩子们阅读。

于是，我就从这些地方入手，并不在意这种语言是否有西塞罗的风格。但他花了九个月时间学习拉丁语的效果，也只是和花了六个月学习意大利语的效果相当。尽管他已经熟练掌握了拉丁语的两种派生语言——法语和意大利语，这在一定程度上为他学习拉丁语奠定了很好的基础，对拉丁语中很多与德语语法截然不同的情况他也已经相当熟悉，这对他来说似乎已经是很自然的现象了。对于一个讲德语的孩子来说，我用这种循序渐进的方式，使他对这种差别的认识逐步深入。

结束了拉丁语的学习，我和卡尔在哈雷的住所住了6个星期，每周在那里待上几天。我聘请了一位资深的语言学家来教他英语的发音。在这一个小时里，我和卡尔一起学习。然后我们一起温习学习过的内容，预习新的知识。现在英语对他来说也很容易，以至于他在三个月内学会的东西，抵得上别人花六到九个月学到的内容。

然而，一个讲德语的孩子去学习希腊语，是多么困难啊！我自己和很多朋友都有类似的经历，卡尔也不例外。他非常渴望学习希腊语。我已经告诉他很多关于荷马、色诺芬、普

鲁塔克，以及许许多多来自希腊世界的故事，把他心里渴望掌握希腊语的兴趣完全激发了出来。虽然希腊语与德语是姐妹，但这两姐妹经历了时间和环境的变化后，形成了两套完全不同的体系。总之，一个德国小孩子学习希腊语非常困难。

甚至在开始教卡尔学习希腊语之前，在他的迫切要求下，我已经偷偷地给了他两三个月的指导，这是为了不让他妈妈和其他朋友知道。每天仅仅学 15 分钟。在这 15 分钟里，他学习非常用功。之后，为了满足他的愿望，我有时会增加课时。有时候在晚上，应他特别的请求，我也会给他上 15 分钟课。然而三个月之后，他就灰心了，认为他再也学不会了。因为他花了九个月学到的效果，远不如学习其他语言时花同样时间取得的效果。但是，当他克服了这些最初的困难后，他就取得了长足的进步。

我认为我能听到两种反对意见。首先，人们会说："照你所说的那样，卡尔要花费多少时间才能学会你提到的所有语言？这孩子想必是每天都坐在书桌前，到最后他肯定会变成一个书呆子的！"事实已经证明，在我的指导下，这种情况是绝对不会出现的。但如果考虑到目前传统做法所造成的后果，这些人的顾虑也是有几分道理的。如果我一开始就先教他拉丁语或希腊语；如果当时他的智力还没有做好充分的准备；如果我没有从多方面激发他对外语的兴趣，不能让他了解到学习外语的用处；如果我没有让他养成快速学习的习惯，而是让他把时间都浪费在令人讨厌的磨磨蹭蹭上，那么要同时学习四五门语言是绝对不可能的，即使不考虑其他的因素，

光是时间也不够用。

事实上，一切都进展得很顺利。在卡尔克服了主要困难之后，我每天给他 15 分钟的时间继续学习法语。在这 15 分钟里，卡尔要自己阅读一篇非常长的文章，在字典和语法书里查到所有他还不明白的地方，然后再逐字逐句地翻译成德语给我听。在学习阶段结束时，我会对他进行测试，一般情况下，我都知道难点在哪里，我要他背诵给我听，有时要逐字背下来，有时要用德语背出来。如果他背诵的两篇文章都表现得不错，我会认为他在各方面都完成得比较好了。通过这种学习方式，一个孩子不仅可以精确地理解语言，还能保证学习的高效性。他的精神一直保持着活跃的状态，就能按照预定的速度往前推进。机械的写作练习使他疲惫，使他感到厌烦，即使是最引人入胜的段落也提不起他的兴趣。花一段时间试试比较一下这两种方法吧，然后你就能做出判断！

另外，在外出散步或者旅行时，我们常常先用法语交谈，然后用意大利语，最后用拉丁语和英语。人们或许会明白，如果孩子愿意的话，用这种方式，每天最多花三个小时，你也会发现他的进步是如此显著。在卡尔 10 岁前，我对他的指导以在洛豪居住时间最多。实际上，在我们去哥廷根之前，即便是加上星期日、旅行等因素，卡尔每天学习的时间都不会超过三个小时。但无论是漫长的冬夜，还是雨后的下午，我们总要在一起，或者他独自阅读，有时是德语版本的少儿读物，有时候是一些外语文章的精彩段落，有时我们还要背诵一些非常美妙的诗歌给对方听。

第二种反对意见："你的孩子想必已经混淆了他学过的各种语言。"就连受人尊敬的马格德堡的著名学者芬克都曾经表示过同样的担心，所以，当别人也这么说的时候，我一点都不奇怪了。但是，和其他人一样，芬克也坚信这种与事实相反的判断。我并不需要证明这完全是可能的或者已经实现了，我只需要说说我是怎么做的就行了。当然，这得再一次回到卡尔的童年。那时，我要求卡尔必须正确地完成每一件事，特别是要讲好德语。除了一些特殊场合需要讲外语外，我都不允许他说外语单词。在翻译过程中也是如此，我只承认纯粹的德语。另外，我要求他开始学习一种新语言之前，必须先把这种语言学得很完美。这就是我所做的全部工作。甚至是最挑剔的人也找不到他的翻译有什么错误，就连我们最伟大的哲学家都对他的口语表达和书面写作给予了高度评价。

我希望能再一次地谴责那些犯了错误的可怜人。人们总认为开始学习一门语言就得先从语法开始，如果不对句子进行毫无意义的分析，如果没有做过写作练习，就不可能学会说、写完美的拉丁语。然而，这些事情我都没有做过，但我在这两方面的水平都非常不错，就连戈戴克也对我赞不绝口。我读了很多书，并把书中的内容消化成了自己的东西。无论如何，如果我也一开始就以教孩子讲和写出"完美的"拉丁语为目标，我不相信我能在不伤害他的智力的情况下就能实现我的目标。

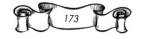

第二十一章　卡尔是如何学习科学的

科学真好玩

　　谈论这个话题似乎有点荒谬，因为在洛豪，卡尔几乎没有接受过任何正规的科学教育。首先，这应该是在大学里学习的内容；其次，像我这样一个乡村牧师确实缺乏必要的教学手段。虽然我已经掌握了必需的知识，也可以从书本中获取其他知识，但是我得不到新书、必要的蚀刻版画、昂贵的设备和实验仪器。因此，我不得不放弃了，但是我会坚持培养卡尔对科学知识的兴趣，不会对他说"这是属于博物学范畴，这是化学，这是有关物理学的，那个是属于古地理学或者现代地理学范畴的"。

　　只要卡尔在思考，他就会了解到博物学的各种知识。无论是在经过改造后的雷弗，还是在哈雷、莱比锡、莫斯堡，他都可以见识到很多新奇的动物，或者任何值得一看的东西。实现这个目的最重要的方式是靠我们带他去旅行。海洋以及生活在海洋之中的各种生物、矿产、熔炉、蒸汽机引擎、气泵、玄武岩、山顶上像弹坑一般的窟窿等，这一切都是我向卡尔

传授自然科学知识的机会。即使是在家中，一滴露珠，气压计，温度计，燃烧着的火炉里噼里啪啦的火花声，窗户玻璃上雾气凝结的水珠等，也是很好的道具。如果我们自己已经从博物学、物理学和化学里学到了有用的知识，那这个孩子就能从这些丰富多彩的现象中学到多少东西啊！

如何学习地理知识

我是用下面这种方式开始对卡尔进行地理方面的教育的：只要是在我们的高塔上能看见的村庄，我都带着卡尔尽可能地走一遍，我还经常带他去哈雷、莫斯堡、莱比锡等地方。如果天气晴朗，我们就会随身带着一沓纸和笔，爬上高塔。第一步我们在白纸中间以适当的比例画出我们所在村庄的大概轮廓（卡尔画的比我多），然后以此点为中心，其他村庄都可以在白纸上的适当位置标出来。我们把目所能及的利博瑙庄和其他几个临近村庄都一一确定位置，并标出各个村庄的名字，并且用红色来表示萨阿尔河、厄尔斯特河、森林、草场和田地。

画作完成之后，我们就拿去给卡尔的母亲看，请他母亲为这幅画评分。接着我们再一次回到塔上，认认真真地画一幅至少我们自己能满意的地图。然后，我们把这幅地图和赛勒地区的地图进行比较，根据后者进行修改。我所做的一切，只是想让卡尔形成一个对地理的正确概念，并激发他对地理的兴趣。每次旅行回来，他都能说出并在纸上画出这些地方的大概距离。卡尔9岁大的时候就已经有了一个地图集，这

即使对一个富家子弟来说也是很难的。我们尽可能全面地买下各种地图，作为礼物送给他。

卡尔还有好几幅安维利尔的地图，我们深知如果没有地图就连古代史都不能读下去。为了让他学历史，在我们一起散步和旅行的时候，我会通过讲故事、介绍同类主题的历史油画或铜刻版画等手段，向他介绍历史知识。莫斯堡的凯莫西尔利用先进的工具设备，教给了卡尔很多天文学的知识。在此之前，我已经教给卡尔很多无需专门工具便能学会的天文学知识。作为9岁的孩子，卡尔在这些方面的表现非常出色，但是，如果我们告诉卡尔他一直都在学习地理学、物理学等科目，那他一定会大吃一惊的。

我一直小心翼翼地尽可能不使用这些学科名词，一方面是怕吓到他，另一方面也是为了不致让他产生自满情绪。等他已经掌握了这些名词的意思后，再来掌握这些术语就容易得多了。就像语法中的复数、主格、宾格等一样，我的做法就是让他在不知不觉中学会这些东西。而一旦他了解了这些知识的具体内容，要记住这些词语也就轻而易举了。

第二十二章　卡尔进入大学

大学：梦想成真的地方

现在，卡尔已经 7 岁半了，他的成就远远超出了人们的想象，引起了学术界的关注。人们口口相传，都想亲自对卡尔进行测试，以检验传闻的真伪，我也欣然同意。前面提到过的莫斯堡的凯莫西尔就是其中一员，他竭尽所能地帮助卡尔，热心地对卡尔进行指导，这对他自己而言也是一件快乐的事情。为了卡尔，他把自己珍藏已久的名酒从地窖里拿出来，让卡尔品尝，其目的就是让卡尔对酒的味道形成一个概念。他的精美藏书、木刻版画和各种仪器，卡尔都可以随心所欲地使用。当我们为了天文观测不得不在他家过夜的时候，他会邀请一些文化名人到家中，这样一来，卡尔就有机会结交这些名人了。

他们中的一位兰格沃特先生，为了激励自己的学生，想当着学生的面对卡尔进行测试。我犹豫了很长一段时间，最后还是答应了，但我提出了四个条件：一是不能预先告诉卡尔任何关于测试的事；二是兰格沃特先生必须要以邀请我去评判他的学生课堂表现为由，第二天来接我，这样我就能带着

卡尔同去；三是学生们不可以表扬卡尔；四是我们必须坐在后排听课，兰格沃特先生必须为我们提供课本等。这些条件都必须以白纸黑字写出来，兰格沃特先生都同意了。

几个星期之后，在《汉堡邮报》上出现了一篇报道，这对我儿子今后的生活和事业都起着决定性的影响。同样，它对任何一个认真思考的人来说都有极大的重要性。虽然这篇报道的作者并不知名，但我相信如此高尚的一个人，一定会因为这个美好的想法而得到回报。报道的全文如下：

不久以前，发生了一件在教育学上具有突破性意义的事件。我们本地的一位优秀教师——特尔蒂乌斯·兰格沃格特先生（Tertius Landvogt）为了激励他的学生，把一个七岁零十个月的孩子带到了教室。这个小家伙聚精会神地听着希腊语课。接着，兰格沃特先生让他朗读文章。令所有学生震惊的是，他竟然朗读并翻译了希腊历史学家普鲁塔克（Plutarch）的一篇不太常见的文章，并对几个需要分析能力的问题做出了满意的回答。兰格沃特先生几天前在仁慈而博学的凯莫西尔家里见到这个孩子，并当着一些学者的面对他进行了测试。

接下来，人们给小男孩一篇朱利安·恺撒的文章，他迅速地翻译出了学生们理解不了的段落。同样，面对人们为了测试他而提出的问题，他的分析和回答都十分出色。然后，兰格沃特先生带来了一本大家闻所未闻的意大利语读物，卡尔一边翻译着这本书，一边用意大利语同他父亲交流。由于手上没有法语读物，兰格沃特先生用法语向他提问，他说法

语时流利得就像是在说德语。之后，他注意到墙上挂着一幅希腊地图。他主动要求去看一看。得到允许后，他提到了古希腊的几个主要城邦和城市，以及这些地方所产生的伟大人物。当有人谈到辛罗普（Sinope）时，他马上说："辛罗普不在这里，我们得去那幅图上找找，在本都－尤辛努斯地区（Pontus Euxinus）。"说着用手就指到了墙上的另一幅地图。学生们把这个孩子抱过去，他马上就指出了辛罗普的位置，还给大家讲起了戴奥真尼斯（Diosenes，希腊哲学家，公元前412～公元前323）的故事。随后，他又说到了一些城邦和城市的古今名称。最后，他还口算了一些三位数的算术题。

更重要的是，这个孩子始终精力充沛，是那么天真活泼、礼貌谦逊。他似乎还不知道，自己已经成为人们钦佩和赞美的对象。

他的父亲是洛豪的传教士卡尔·威特博士，他在教育界享有盛名。正是在这种方法的指导下，小卡尔快速地成长起来，与那些在身体上和思想上都被宠坏的孩子截然不同。可惜的是，威特博士并没有详细阐述他培养这位神童的方法。

发自莫斯堡

1808 年 5 月 10 日

这条消息很快通过各大报纸的转载传播开来。每一个人都读到了这篇文章，每个人都在问："这是真的吗？这可能是

真的吗？"许多怀疑者来找我，还有些人邀请我到他们家里去。这些人都满腹狐疑地对卡尔进行测试，但当他们离去的时候，又都坚定地相信这个男孩子能做到的，比报纸上宣传的还要多。只有那些心怀嫉妒的人不来印证，他们甚至不想看到卡尔，就轻易地下结论说这绝不是真的，因为"这不可能是真的"。这些人是必须感觉到风是往哪个方向吹，才能相信风真的来了。这样，他们永远只能停留在事物的表面，他们的"优点"是一经他们承认的东西，别人就决不能否认。上帝保佑我们，千万要远离这类心胸狭窄的教育者啊！他们总要压制那些非比寻常的人，他们宁愿培养出自作聪明的人，而不是正直高尚之人。但是也有一些人则完全不同，不仅欣赏你的优秀，还要深入研究。他们经常给我写信，表示非常想见一下这个男孩，而我从来不拒绝这样的好意。

这座城市和莱比锡大学中一些最优秀的人士，都极力主张我把卡尔送到托马斯学院的罗斯特教授那里，让他参加大学入学考试。我并不认识罗斯特教授，担心他觉得我们自以为是，于是我便以很多教授都对卡尔进行了测试为借口，直接拒绝了他们的建议。然而，我了解到罗斯特教授学识渊博、才思敏捷，并且心地善良、平易近人，我就改变了主意。罗斯特教授与卡尔进行了一场愉快的谈话后，将卡尔推荐到语言科学系。下面是他的评语：

今天，有人将一个年仅9岁的孩子带到我面前——来自洛豪的J.H.F.卡尔·威特，让我来测试他的智力和学识。我

给他找来了《伊利亚特》《埃涅阿斯基》、葛瑞尼的《斐多牧师》和一部法语作品,这些段落无论怎么说都是比较晦涩难懂的。他都迅速准确地翻译出来了,完全证明了自己的实力,捍卫了那些一直以来信任他的人的名誉。他不但表现出了在多种语言措辞方面的高超能力,也令人惊讶地表现出了他对古代文学的敏锐观察力、成熟的判断力、沉着冷静的心态和非同寻常的智力。这么小的孩子居然能有这么优秀的表现,对我来说简直是闻所未闻之事。所以,我坚定地认为,这个智力非凡的孩子和他父亲卓越的教育方法,应该得到学者们的关注,值得学者们进行审慎的研究。我也相信,无论是对一般科学的发展,还是对超常儿童教育的研究,为这个智力超群的孩子提供高等教育的机会,允许他参加教授们的讲座是非常有必要的。上帝对他宠爱有加,似乎已经为他准备好了一切,在其前进道路上的所有偏见和障碍都将被清除。

马格·F.W.E. 罗斯特

托马斯学院院长,哲学教授

莱比锡,1809 年 12 月 12 日

    罗斯特教授的推荐信被送到了莱比锡大学,建议能以正式生的身份录取卡尔。那是在 1810 年的 1 月 18 日,这一提议获得了当时继任校长的奎恩先生的批准。与奎恩先生精彩的谈话深深打动了我和卡尔。更令我感动的是,卡尔并没有按照惯例宣誓,来保证将会遵守学校的规章制度,而是与奎恩校长握

手致意。就这样，卡尔成了莱比锡大学的正式学生。为了给卡尔提供更为便利的环境，大学召集了一些社会热心人士筹措了一笔资金，用以资助我能在莱比锡至少三年的食宿费用，因为卡尔在经过严格的测试后已经证明了自己在智力上完全成熟，他有能力完成学习任务。募捐书的内容是这样写的：

　　这个年轻人，来自洛豪的卡尔·威特牧师9岁大的儿子，向我们展示了一个极有说服力的实例，那就是通过正确的早期教育，可以使一个孩子的智力水平发展到令人难以置信的成熟程度。通过各种大量的信息的滋养，一个人在其生命的第一个10年里，记忆力完全能够达到18岁年轻人的水平。这个非同一般的孩子能熟练地把法文、意大利文、英文、拉丁文和希腊文的诗歌和散文翻译出来，哪怕是在最伟大的专家学者面前，在萨克森国王陛下面前，甚至在宫廷面前，他都能语言流利、形象生动地表达出来。他表现出了非凡的理解能力，能快速、正确地分析各种文章，他甚至对历史书籍、古典文学、古代和现代地理学以及最优美的诗歌等，都具有丰富的知识。所有的这一切都应该归功于他的父亲——迄今为止他唯一的老师，正是他所采用的快乐而恰当的教育方法造就了这位天才。

　　有些人怀疑这样做只会给孩子造成伤害和破坏性的后果，但请消除这种疑虑，这个孩子身体健康、谦虚谨慎、活泼可爱，与那种用错误的方法教育出来的孩子完全不同，他完全不带任何早熟和不可容忍的傲慢。卡尔的父亲，在他贤惠的妻子的辅助下，用他们特有的方式对卡尔实施了早期教育。在他

的引导下，卡尔用一种与他已获得的知识水平相适应的方式，在这么小的年纪就具备了丰富的知识。毋庸置疑，如果卡尔在以这种快乐的方式和他父亲的督导之下继续学习，必将会成为一个杰出的、伟大的人，而且不会对孩子的生活和健康造成伤害。

这家人目前住在一个淳朴的村庄里，靠他父亲微薄的薪水过活，如果遇到父亲尚未掌握的知识，就不能为他提供更恰当的指导了。所以，他的父亲最诚挚的心愿，就是在至少三年内，能够继续指导儿子在大城市里求学。这个父亲对独生子充满爱心，在过去的四年里一直在为儿子无私奉献，而且没有对孩子的身心造成一丁点儿伤害。毫无疑问，在未来的四年里，他也会做得同样出色。要实现父亲的这一心愿，就必须对威特博士的教育方法有自然、完全、彻底的理解的人来完成对卡尔的教育。

为了保证威特博士的计划顺利实施，在未来的3年里，必须确保每年给他们250元的生活费用。如果资金到位，卡尔的父母在接下来的三年里将待在莱比锡，他的教区将由别人代为照管，或者威斯特伐利亚政府给他安排一个收入更高的职位。在莱比锡生活的这段时间，除了指导卡尔的学习外，他一方面可以进行文学方面的研究和创作，另一方面还可以抽出时间来指导其他的孩子，说不定还能以他的教育方法培养出新的未来教育家呢。总之，他可以有效地利用这三年的时间。

现在的问题是，在这种情况下，我们的市民是否继续充当漠不关心的旁观者，是否愿意眼睁睁地看着这样罕见的可

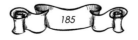

造之材得不到合适的教育并能承担这样的后果？

我们深信，对于高尚的莱比锡居民来说，发生这种事情是不可思议的。因此，根据人们的建议，我们邀请了一些有识之士来帮助我们完成这项伟大的事业。他们将签署一份赞助协议，为卡尔·威特提供每年250元，为期三年的赞助。这是卡尔·威特的父母能够留在莱比锡，继续照顾他的唯一条件。由于卡尔已经能够在他父亲的陪同下，参加一些学术讲座，所以，在通过了严格的测试后，已经证明他完全成熟，具备进入大学的能力，莱比锡大学于今日授予年轻的卡尔·威特以正式学生的资格。

卡尔·哥特罗伯·奎恩

莱比锡大学校长

于莱比锡，1810年1月18日

慷慨大方的莱比锡人很快就签署了一份每年资助500元的协议，而不是之前说的250元。除此之外，他们给我提供了免费的住所和两份定期生活津贴，条件就是我必须留在莱比锡，这还不包括国王赐予的。随后，我和卡尔一起去了卡塞尔，希望能征得国王的同意，但国王并不在卡塞尔。于是第二天早上，我拜访了冯·莱斯特先生，他一直对我和卡尔存在很大的偏见，但他一见到卡尔就喜欢上了卡尔。他对卡尔进行了三个小时的测试，对卡尔的学识啧啧称赞，并问起我是如何教育卡尔的。最后，他认为卡尔不应该去莱比锡，而是应该留在这个

国家。第二天，我们应邀参加了一个众多卡赛尔大臣和医院出席的晚宴，他们也对卡尔进行了几个小时的考核，德国人和法国人对卡尔的表现都非常满意。经过研究决定，他们一致决定国王应该答应莱比锡承诺过的条件，而我必须带着卡尔到哈雷或者哥廷根的大学学习。我谢绝了到哈雷的建议，也没有同意去哥廷根。我在返回洛豪的途中，我看到了一封来自部长的信。内容如下：

亲爱的牧师：

　　我已经向国王陛下禀报了您儿子非凡的才能和发展情况，以及您决定投入毕生精力来教育他的愿望。一直以来国王陛下都鼓励多发掘天资聪颖的人才，鼓励人们追求更高的学识，所以他已经恩准了您在圣米迦勒节辞去现任职务的请求，并命我为您提供其他合适的职位，以便于您教育孩子的事业。

　　考虑到国内这些优秀的教育机构，国王陛下希望您儿子能够在国内接受教育。考虑到您拒绝了其他建议可能带来的损失，国王特意批准，从这个即将到来的米迦勒节开始，连续3年，每年提供400元资助。到哥廷根大学就读以后，将选派最好的教师指导他学习，继续完成您为卡尔开创的求学之路。

　　非常荣幸能由我来向您宣布国王的恩赐，在您儿子接受教育这段时间，我将随时为您提供必要的帮助。

　　您有2个月的时间来处理工作交接的事务，期限是圣米迦勒节。并且，我已经代您向马格德堡提交了辞呈。

您呈给我的文件已经全部交还，并对您表示崇高的敬意。

G.A.德·沃尔夫雷特伯爵

于卡塞尔，1810 年 7 月 29 日

在大学里放飞自我

我可以简短地汇报一下卡尔进入大学以后的学习进展情况：在我的陪伴下，他继续按照我的教育方法，修习了哥廷根大学的一些课程。在第一学期，我只为他选了两门课程，一门是海恩教授讲授的古代史，另一门是梅耶教授的自然科学。我相信，他很快就会在学习第二门课程的过程中体会到学习数学的必要性。由于卡尔并没有接受过专业的数学教育，听课时必定有一些听不懂的内容，这种情况时常出现。曾经有一次，卡尔在下课后对我说："我理解不了——我必须要学好数学！"我立即着手为他安排了一次补课，当晚杰出的数学家F 教授就来到我家，给卡尔讲解了一些难点，并马上给卡尔上了一堂理论数学的课程。卡尔和我将永远尊敬和感激这位真正的朋友。

众所周知，所有的教授对我儿子的勤奋努力和所取得的进步非常满意。尽管我保留着教授们给我儿子写出的所有评语，在这里我仅仅引述其中的一部分：

今年冬天，年轻的卡尔·威特修习了我讲授的古代历史

和地理课程。我证明，在他父亲的陪伴下，他不仅勤奋地完成了所有的课程，而且我还发现，卡尔对一些问题有着浓厚的兴趣，并且表现出了超出其年龄范围优秀的观察力和理解力。可以说，他的智力发展已远远超越了他的年龄。

A.H.L. 海恩

我很荣幸地证明，卡尔·威特不但以极大的热情和勤奋的态度修习了我讲授的自然科学，并且完全掌握了我在课堂上讲授的所有知识。通过一系列的考试，我完全相信这个充满朝气的青年人已经在诸多方面体现出卓越的能力。

J.T. 梅耶

对他来说，这种艰苦学习对他的身体是个考验，虽然他要连续五六个小时伏案学习，不是两三个小时，但整个冬天卡尔都没生过什么病，哪怕是一场小感冒也没有。以前他主要在户外活动，而现在大部分时间要待在屋子里面学习。经过六个月的旅行之后，我们有六个月的时间都在休息。事实上，我每天都要陪他散步，但这个冬天天气实在糟糕，经常是大雨或者大风天，我们不得不在恶劣的暴风雪中散步，以达到锻炼身体的目的。在这样的天气里，我们是唯一绕着城墙散步的人。"如果卡尔能安然度过这个冬季，"我对自己说，"我就不需要再为他的身体健康担忧了。"谢天谢地，我如愿了。

很快复活节就到了，我和卡尔收拾好行装准备旅游。这

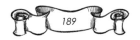

让人们感到非常惊讶，他们都认为我应该利用这个短暂的空闲时间，为卡尔复习和预习功课，尤其应该充分利用好哥廷根的宝库——图书馆。我们的朋友善意地劝告我们，但也通情达理地听取了我的不同意见。

"如果我的目的只是把卡尔变成一件展览品，那我就会待在这里。我并不是要培养出一个天才，我只想锻炼他的身体，拓展他的思维，让他保持良好的精神状态。至于学习，他还有大把大把的时间。"

第二学期，卡尔修习了施拉德尔的植物学课程和蒂鲍特的数学课。后者对卡尔是这样评价的：

卡尔·威特上个学期选修了我的理论数学课程，他认真学习，堪称模范。起初在众多的学生中决定接收他来学习，我并不是完全毫无疑虑，因为连续、抽象、科学的表述对于他的年龄来说是多么不相称。但令我备感欣慰的是，他对这个学科充满兴趣，即使是最难的部分也始终如此。为了解决一个困难的问题，他会花上好几个小时来思考，这一点是其他学生做不到的。我可以实事求是地说，即使按照最严格的要求来看，卡尔也证明了自己完全具备数学方面的天赋。

蒂鲍特

收集植物，并分门别类地保存好，这对卡尔来说是很好的锻炼机会，也给他带来很大的乐趣。与此同时，卡尔也学

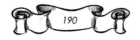

习绘画、钢琴、跳舞和机械制造。这段时间我们一直待在哥廷根，他继续跟着我参加海尼、密特林、万德林克、蒂森和斯伯德博士主持的语言学研讨会，以学习古代和现代文学。众所周知，他们对卡尔的表现十分满意，我就不用再举例说明了。

第三学期，卡尔修习了蒂鲍特主讲的应用数学，以及布鲁门巴赫主讲的自然学。要是我没有记错的话，那年冬天我们还选修了冯·泽肯多夫关于动物拟态方面的课程。

第四学期，卡尔师从斯洛梅尔学习化学，并听从了蒂鲍特的建议，选修了数学分析。这些课程对于不到12岁的孩子来说非常不易。以下是关于学习这门学科情况的证明：

1812年夏天的这个学期，卡尔·威特选修了我主讲的高等数学和数学分析。尽管这两门课程难度很大，并且随着授课的广度和深度不断增进，其难度系数也在不断提升，并不可避免地涉及理论数学领域的研究，但卡尔仍然表现出一贯的勤奋和毅力。根据授课内容举行的专门考试为他提供了额外的机会，给出了极具说服力的证据，消除了对他能否理解所学知识的疑虑，也证明了他的能力。

蒂鲍特

第五学期，卡尔参加梅耶教授关于测角仪器的课程，斯洛梅尔关于试剂和化学仪器的课程，海曼斯关于矿物术语和

系统学的课程，以及蒂鲍特的微积分课程。

　　在这个冬天，我儿子完成了他第一篇关于高等数学的论文。蒂鲍特为他选的题，为了不让卡尔找到相关的任何信息，他没有给出与最终结果有关的名称。但是这个小论文得到了一致的欢迎。许多人都特别喜欢卡尔为机械绘图所发明和设计的工具，这清楚地展示了他敏捷的理解力、渊博的机械知识和出色的表达能力。

　　第六学期，卡尔选择跟随蒂鲍特学习应用几何学，跟随梅耶学习光学和色彩学，还有威勒斯主讲的法国文学，海曼斯讲授的矿物学。

　　第七学期，卡尔选修了海恩主讲的政治史，并跟随着他复习了古代史。

　　上个夏天，蒂鲍特就告诉我，他已经没有什么可以再教给卡尔的了。我非常希望卡尔能重新学习他以前学习的数学知识，但蒂鲍特坚持说，多次考试的结果表明，卡尔已经熟练地掌握了那些内容。我曾经对卡尔连续不断地学习数学（尤其是高等数学）而担忧过，并对让年仅11岁的卡尔学习数学分析、高等几何和微积分这些科目表示过抗议。但是，蒂鲍特坚持认为卡尔拥有足够强的学习能力和强烈的学习愿望，他能够学好这些知识，毕竟"世上无难事，只怕有心人"。我还是有些担忧，于是提出了两个附加条件：第一，如果卡尔觉得课程太难，他随时可以中止；第二，如果他没有完全理解某些内容，可以允许他重新学习。蒂鲍特同意了我的要求，事实证明根本不需要谈这些条件，蒂鲍特是正确的。

更为重要的是，蒂鲍特对卡尔像慈父般的关爱，请求高斯为卡尔进行单独辅导。高斯知道卡尔，但在我的请求下，高斯还是非常谨慎地对卡尔进行了一次测试。他断言："从大学的课堂里他很难再学到什么了，即便是专门辅导也不会对他有什么实际意义。但我会给他推荐一些拉丁语、法国和意大利专家的书籍，这些人对高等数学的分支学科造诣颇深。他可以独立地阅读这些著作！"我大为震惊，毕竟卡尔只有11岁。"可是，教授，"我说，"他还有很多东西都不明白！"高斯说："许多？哦，不。可能有一丁点儿，事实上我也只能帮助他一丁点儿，但是这种情况不会经常发生。"

事实证明，高斯先生也是对的。卡尔几乎能弄懂所有东西。他完全掌握了盖诺林的内容；仅在一些地方，我相信是泊松的高等力学里的三个段落，卡尔觉得晦涩难懂，这也是高斯认为对卡尔有必要进行书面解释的地方。卡尔的勤奋，使这个伟大的学者也感动不已。

虽然蒂鲍特已经不再直接指导卡尔学习，但他还是非常关心卡尔。"让他去干自己喜欢的事情，"有一次他这么对我说，"我很好奇，他究竟能发展到什么程度。"于是我向他透露了卡尔正在研究的平面三角学，但是要暂时保守秘密，因为受时间和条件限制，卡尔也不确定能否完成。蒂鲍特听了之后非常高兴，他说："让他去干自己喜欢的事情。"这篇论文完成后，蒂鲍特仔细阅读后大加赞赏，但也发现了一些问题，这也是卡尔急于解决的。我的儿子从来没有这么快乐，这么有耐力地完成一项自己加给自己的任务。

这篇论文发表于 1815 年，那时我们正住在海德堡。很快，我们就看到了蒂鲍特发表了评论，他表现出与以往截然不同的态度。憎恶取代了慈爱，尖酸刻薄的指责取代了善意的批评，挖苦和谴责取代了对年轻人仁慈的体谅（完全不考虑给年轻人带来的伤害，卡尔当时只有 13 岁半，蒂鲍特却故意说成"大约 16 岁"）。他故意曲解这篇论文，而不是清楚地陈述原有的意思。蒂鲍特的攻击深深地伤害了我们，但我们仍然不会忘记他以往对我们的关爱。

在接下来的四年里，我都收到了国王陛下赐予的津贴，而且恩准我们只要是用在对卡尔有益的地方，就可以自由地支配这笔钱。为了拿到拖欠的最后 7 个月的津贴，我们不得不来到布伦瑞克。我们被引荐给了公爵，虽然当时他正要出门，但他还是和我们亲切交谈了很长时间。他试图说服卡尔前往英国学习，并表示可以把卡尔托付给他在英国的亲戚，他可以资助卡尔学习任何值得学习的东西。而那笔欠款由于公爵的帮助，当天下午就发到我手里了。

在汉诺威，人们对我也非常友好。但出于公正的考虑，他们还是想测试一下卡尔的知识水平。不久，卡尔在萨斯维代尔的资深人士面前做了一场数学方面的讲演，获得了这些卓越人士的高度赞许，并表示愿意提供卡尔需要的任何资源。教授们从代数、几何、数学分析、分析三角学、微积分中选择了一些论题。1814 年 5 月 3 日，卡尔在体育馆的大礼堂内作了一场演讲。

这座城市最优秀的学者们都出席了。他们知道卡尔是前

天才得知要演讲的主题，而且这些天不得不忙于出席社交场合直到深夜。卡尔谈吐自如，表达清晰，使用的德语如此优美。以至于好几个人要走到讲台后面看看，因为在他们看来，这么小的孩子能够不用看稿子就讲演得如此顺畅，简直是个奇迹。看到事实后，他们自己都笑了。卡尔也觉察到这些人的疑虑，于是他离开了讲台，走到黑板附近继续他的演讲，只是偶尔看看纸条，以进入到下一个论题。演讲结束后，热烈的掌声经久不衰。此后，政府出于鼓励，又为我们提供一份额外的补助；剑桥的公爵个人向我们承诺，如果卡尔要去英国的话，他将全力帮助并推荐卡尔；海森也答应满足我们提出的要求；还有像布伦瑞克公爵那样的人，也让我提出我的需要。我们已经多次受邀到宫廷做客，并受到了热情的款待。

在卡尔的第八个学期，他继续学习高等数学和哲学等课程，并向舒尔策（schulze）和斯洛梅尔（Stromeier）分别学习逻辑学和分析化学。以下是斯洛梅尔的评语：

我很高兴作证，卡尔·威特先生在这学期里不仅以值得称颂的热情投入到我的分析化学课程和相关的实验室实际操作中去——这和以前他听我讲授理论化学课的时候是一样的，他出色地完成了课堂中的化学操作和分析，以及用作家庭研究的化学物质也给予了精彩的阐述，这再一次证明了他化学知识的丰富。

斯洛梅尔博士

　　这个学期，我和卡尔一起探讨了他未来的学业问题。如果我只是想让他在短时间内出名，我会允许他继续学习数学、物理、化学、自然史和矿物学，因为在这些学科里他已经小有成就了。但是我担心对这些学科进行深入研究，对他来说未必是好事。而且，如果他继续沿着这条路走下去，那以后只能成为一名教授，这和我的愿望不符。于是我决定开发他的未知领域，那些至今尚未发掘的能力。而且，到他满 18 岁之后，他应该自主地选择自己喜欢的职业。因此，我建议他学习外交，为此他必须从学习法律开始。他之前的学习已经为学习外交奠定了很好的基础，因此大家都赞同我的计划。只有蒂鲍特除外，他以前力劝我走这条路，现在却因为他的学科将失去我儿子这样的人才而感到遗憾。"他还能再回来，"我回答说，"他毕竟还这么年轻。如果他确实不喜欢学法律，还能回来继续学习数学。"

　　在前往韦茨拉尔的途中，吉森哲学学院的几名成员与卡尔进行了一次长时间全面深入的交谈。后来，吉森大学的院长、著名的斯吉曼教授邀请我们参加晚宴，我感到这是一个优秀的团队。突然，所有人举起了手中的酒杯，要为我儿子的健康干杯，并称呼他为"诺斯特博士"。院长亲切地拥抱了卡尔，递给他一张亲笔签署的证书。所有人都沉浸在喜悦的泪水之中。

L.H.FR. 卡尔·威特，诺斯特博士：

　　我亲爱的年轻的朋友！

　　像所有的公众一样，我对你早有耳闻。但是，只有在这些快乐的日子里，我才客观地看到你的才华有多么出众，你的进步有多么显著。我为此感到由衷的喜悦。上帝保佑你那可敬的父亲，你的进步就是他的快乐！

　　我很高兴能与我尊敬的同事们一起分享这份快乐，我们希望公开地授予你荣誉，我的朋友，也通过你向你的父亲表示敬意。

　　因此，我现在正式地通知你，哲学学院昨天一致投票决定授予你哲学博士的学位。证书一旦印好就会及时送到你手里。

　　我非常荣幸地作为第一人，向你表示祝福：祝贺你！诺斯特博士！

　　学位证书上是这么写的：

　　向这位年轻人致意，他已通过教育成长为一个谦虚可亲之人；向他的父亲致意，对他来说，他儿子所拥有的一切，包括哲学博士的学位，都应该归功于父亲。为吉森大学的荣誉而努力！

1814 年 4 月 10 日

　　在马尔堡，长者乌尔曼和他的同事们都为卡尔所获得的荣誉而感到高兴。乌尔曼表示，就算吉森大学不这样做，马尔堡大学也会把同样的学位授予卡尔。